ZHIYE YUANXIAO
CHUANGXIN CHUANGYE JIAOCHENG

职业院校创新创业教程

（第二版）

主编　冯卓　祝莉

中国劳动社会保障出版社

图书在版编目（CIP）数据

职业院校创新创业教程 / 冯卓，祝莉主编 . -- 2 版 . -- 北京 : 中国劳动社会保障出版社，2023

ISBN 978-7-5167-5966-0

Ⅰ. ①职… Ⅱ. ①冯…②祝… Ⅲ. ①创业－高等职业教育－教材 Ⅳ. ① G717.38

中国国家版本馆 CIP 数据核字（2023）第 115370 号

中国劳动社会保障出版社出版发行

（北京市惠新东街 1 号　邮政编码：100029）

*

北京市艺辉印刷有限公司印刷装订　新华书店经销

787 毫米 × 1092 毫米　16 开本　10.25 印张　150 千字

2023 年 7 月第 2 版　　2023 年 7 月第 1 次印刷

定价：48.00 元

营销中心电话：400-606-6496

出版社网址：http://www.class.com.cn

前 言

近年来，国家高度重视创新驱动发展战略的实施，全力打造建设现代化经济体系的战略支撑，并对加快建设创新型国家做出战略部署。其中，全面推进大众创业、万众创新的深入发展是实施创新驱动发展战略的重要载体，国务院持续关注高校毕业生等青年就业创业工作。

职业院校积极顺应“双创”时代发展需要，进一步加强和完善创新创业教育发展，将创新创业教育融入职业院校人才培养体系，对职业技能人才培养质量的提升具有重要意义，既能满足学生自我发展的实际需要，也是落实以创业带动就业，促进职业院校学生充分就业的重要措施。

为契合职业院校开展创新创业教育需要，进一步提升学生职业核心能力，增强就业创业竞争力，我们编写了《职业院校创新创业教程》，并基于应用实践进行了改版。

多年来，我们一直从事创新创业教育实践工作，在实践基础上一直在探索解决职业院校创新创业教育存在的一些问题，比如，如何向职业院校学生开展创新创业方面的教育教学，怎样使学习更加有趣、实用，怎样实现技能和创新创业有效结合，怎样促进知识和技能的内化等。

为做好职业院校创新创业教育，我们从 2014 年起依托贵阳市女子职业学校创业实践课程，逐步开展职业院校创新创业课程开发、创新创业师资队伍培训、创新团队培养、创业孵化和指导服务质量提升、创新创业教育教材开发、创新创业过程管理和监督机制建设等内容的研究和实践工作，并针对各专业学生开展教学实践，激发了学生创新创业的意愿和热情，帮助学生实现了创新能力和创业潜力的提升。

本教程已在贵州、河北等地多少职业院校使用，教材内容得到普遍认可，连续作为多届“贵阳市职业院校创新创业大赛”专用教材。

创新创业教育的核心在于通过在创新创业教育中融入创新创业意识、精神、思维、方法、工具、实践等内容，来实现个人综合能力的提升。本教程在编写及改版过程中致力于体现这一核心要求，紧密贴合职业院校学生实际需要，力求体现以下特征：

■ 通俗性：角色故事贯穿始终，营造情境，让学习能身临其境，引导学生思考如何去理解和解决问题。

■ 实用性：重视创新思维、方法、工具与学生专业和生活的联系，强调学练结合，致力于“技能＋创新创业”的实际运用，提升学生就业创业综合能力。

■ 灵活性：本教程分为创新、创业两个模块，学生可根据需要独立学习某一模块，也可以连续学习两个模块。

本教程适合职业院校开展创新创业教育使用，学生在具有创新创业授课资质和能力的教师带领下学习效果最佳。建议职业院校建立并不断完善创新创业教育和培训体系，并提供必要的创新创业实践和孵化场地，帮助学生完成更多的体验实践。

本教程编写过程中得到贵阳市教育局、贵阳市人力资源和社会保障局相关部门和领导的指导和帮助，得到贵阳市女子职业学校暨贵阳市旅游学校校领导班子的大力支持，以及学校相关系部和创新创业指导教师的全力配合，在此一并致谢。特别感谢马玉蓉、袁月、陈莎、巴日夫、康瑞舒等老师，以及张舒啸、冯雨畅同学提出的宝贵建议，特别感谢张雨老师和韦娅婷同学对人物插图等进行绘制，特别感谢常蓉老师对部分图示的绘制或优化。

限于时间及编者经验和能力所限，本教程依然存在诸多需要完善的地方，恳请广大读者提出宝贵建议。

编　者

学习指南

本教程中共设置 5 个角色，包括 2 位教师和 3 位学生。本教程以角色故事为主线讲述创新创业的知识和技能，帮助学生理解、分析和思考课程内容。

教师：T1、T2

T1 在某职业院校从事创新创业教育和指导工作，擅长对职业院校学生进行创新方面的指导。他和其他老师相比显得有些不同，在课堂上，他像“哆啦 A 梦”一样，总能迸发出很多的灵感和创意，拿出各种有趣的道具，还会讲很多新奇的故事。他帮助学生激活创新思维，教给学生创新方法，指导学生将灵感和创意变得更具商业价值。学校里很多同学都喜欢这位“特别”的 T1 老师。

T2 也是某职业院校的创新创业指导老师，他有多年创业经历，既懂得如何创业，也懂得如何指导学生创业。从产生创业想法，到尝试低风险的创业实践，再到创办属于自己的小微企业，他能对学生创新创业实践的全流程进行系统辅导。很多有创业梦想的同学都愿意向他请教。他曾带领多个学生创业团队，在全省乃至全国的创业大赛中取得好成绩。

学生：小 A、小 B、小 C

小 A 是一名好奇心很强的职业院校学生，喜欢做一些小制作和小发明。他觉得在生活中探索未知、尝试创新会让自己变得更优秀，还能带来很多的快乐，对自己未来的工作和生活都是有益的。

小B是某职业院校市场营销专业二年级学生。她觉得市场营销工作本身就是一项需要创意和不断创新的工作，而自己在这方面的能力远远不足。她认为自己不仅要学习好专业课程，还要学习创新思维的工具和方法来提升自己的市场营销策划和设计能力，为未来就业做足准备。

小C一直有个创业梦，他期待有一天能够找到合适的创业项目，创办一家属于自己的企业。现在，他寻找各种机会学习创业相关知识和技巧，提升自己的创业能力。他打算毕业后先就业，积累社会经验和资金，待条件成熟后就去创业，圆自己的创业梦。

本教程中共设置四个栏目，帮助学生边学边练，即学即用。

学生学习过程中需要完成的练习环节。

提示学生要注意的重要内容。

建议学生学习结束后，通过互联网搜索并了解的拓展性知识和内容。

帮助学生在学习每章课程后，回顾所学主要内容。

目录

导言　关于创新与创业 / 1

第一部分　创新 / 5

第一章　什么是创新 / 7

第二章　什么是创新思维 / 15

第三章　如何产生更多的好点子 / 21

第四章　如何用创新方法产生产品创意 / 30

第五章　如何用创新方法进行活动设计 / 34

第六章　如何用创新工具分析并解决问题 / 46

第七章　如何让你的点子有商业价值 / 52

第八章　如何让别人认同你的创新点子 / 59

第二部分　创业 / 63

第九章　什么是创业 / 65

第十章　如何做创业调研 / 74

第十一章　如何形成创业项目 / 91

第十二章　提供什么样的产品 / 106

第十三章　如何组建创业团队 / 119

第十四章　如何做好财务规划 / 125

第十五章　如何制订创业计划 / 134

第十六章　如何演说创业项目 / 137

附录 1　Idea 计划 / 141

附录 2　创业计划书 / 145

导言　关于创新与创业

一、为什么要开展创新创业教育

1. 国家层面

在2014年9月召开的夏季达沃斯论坛开幕式上，时任国务院总理李克强同志首次提出，要借改革创新的“东风”，在960万平方公里土地上掀起“大众创业”“草根创业”的新浪潮，形成“万众创新”“人人创新”的新态势。

2015年3月5日，时任国务院总理李克强同志在2015年政府工作报告中指出，打造大众创业、万众创新和增加公共产品、公共服务成为推动中国经济发展调速不减势、量增质更优，实现中国经济提质增效升级“双引擎”。

2015年5月，国务院办公厅印发《关于深化高等学校创新创业教育改革的实施意见》(国办发〔2015〕36号)，指出，深化高等学校创新创业教育改革，是国家实施创新驱动发展战略，促进经济提质增效升级的迫切需要，是推进高等教育综合改革，促进高校毕业生更高质量创业就业的重要举措。

2018年12月18日，人力资源社会保障部办公厅印发《关于推进技工院校学生创业创新工作的通知》(人社厅发〔2018〕138号)，指出，充分发挥技工院校的重要作用，积极引导技工院校学生投身创业，着力提高技工院校学生的职业技能水平，促进学生运用所学的职业技能实现创业创新。

党的二十大报告明确指出，必须坚持科技是第一生产力、人才是第一资源、创新是第一动力，深入实施科教兴国战略、人才强国战略、创新驱动发展战略，开辟发展新领域新赛道，不断塑造发展新动能新优势。到2035年，我国要实现高水平科技自立自强，进入创新型国家前列。

为推动创新型国家建设，强化培养职业院校创新型人才也是重要途径之一。以创新型人才的培养推动人才培养质量的提升，培养学生创新思维和企业家精神，激发学生创新创业意识，指导学生实施创新创业行为，提高学生的创新创业能力，从而为我国经济发展和创新型国家建设贡献力量。

2. 教育层面

创新创业教育更加关注学生运用专业知识能力、实践操作能力、独立思考能力以及创新能力的培养，注重理论与实践的结合，有利于学生创新精神的养成和综合能力的提高。这对于学生素质教育作用巨大，对学生将来的就业以及职业发展也有很大帮助。

在以就业为导向的职业教育中，应把培养学生的创新创业能力作为教学改革的一项重要内容。对职业院校而言，创新创业教育的重点是培养“技能＋创新创业”的新职业技能人才。

3. 学生层面

（1）提升就业竞争力。学生在接受创新创业教育时不仅能够学习与创业相关的知识和技能，如企业想法、项目选择、企业管理理论和方法、团队组建、计划制订、财务管理等，还能够提高自身独立判断的能力，辨别机遇的能力，利用资源寻找机遇的能力，理解和运用管理的能力，以及制订计划并付诸实践的能力，树立勇于担当的责任意识，有效提升自己在职场中的软实力。

（2）提升创业潜力。学生是具有极大创业潜力的群体。开展创新创业教育虽然不一定能让职业院校学生立即创业，毕竟他们年纪尚轻，在经验、资源、资金、管理能力和行业技能方面相对缺乏，但能够为学生开展创新创业活动提供重要的思路、方法和技巧。这是一个埋下创新创业“种子”的过程。教师要积极引导学生对创新创业的正确认知，激活他们的创新思维，鼓励他们学习探索和低风险实践，在心中埋下创业的“种子”并生根发芽，待未来时机和条件成熟时，才可能茁壮成长，取得成功。

综上所述，通过创新创业教育，一方面培养了学生的创新创业意识，增强了他们的就业竞争力；另一方面对学生创新精神的养成和创业潜力的发掘也有很大帮助。

二、创新与创业有什么关系

创新和创业虽然是两个不同的概念，但是两者在本质上是相辅相成、相得益彰的。创新的行为、活动和过程是创业的内在本质属性，持续的创新最终必然会成就创业，即在创新中不断创业，在创业中不断创新，两者互为促进，共同作用与成长。创新与创业的关系具体体现在以下几个方面。

1. 创新为创业提供动力

创新是创业的源泉，为创业提供动力。创新对大众创业起到积极的作用，以科技创新为例，科技创新是国家新经济增长点形成的关键，许多创新成果很可能会成为大众创业的切入点和盈利源。创业者在创业过程中常常会应用创新思维、创新方法、创新管理模式、创新经营管理技术等，这些创新是提高创业成功率、促进企业可持续发展的重要力量。

2. 创新的价值在于创业

创新的价值就在于将潜在的知识、技术和市场机会转变成现实生产力，实现社会财富的增长，实现企业再创业。创业者通过创业将创新成果推向市场，使潜在的价值市场化，从而转化为生产力，实现企业的发展。

3. 创业推动并深化创新

创业过程中的不断实践可以推动新发明、新产品、新服务的不断涌现，营造出新的市场需求，实现创新的经济价值和社会价值，实现科技创新的与时俱进，从而提高企业乃至国家的创新能力，推动经济转型与发展。

创业的关键在于创新，持续创新也会推动和成就创业。

三、职业院校创新创业教育模型

很多职业院校在开展创新创业教育过程中，积极研究，不断探索，逐步积累了一些创新创业教育经验和方法，进而形成了集培养目的、培养内容、培养手段、培养环境、产出成果于一体的综合创新创业教育模型，如图 1-1 所示。

培养目的就是提升学生就业竞争力，培育学生未来创业潜力。

培养内容包括创新思维、方法的运用以及转化为商业价值，创业意识培养、创业规划以及低风险的校内外创业体验和实践。

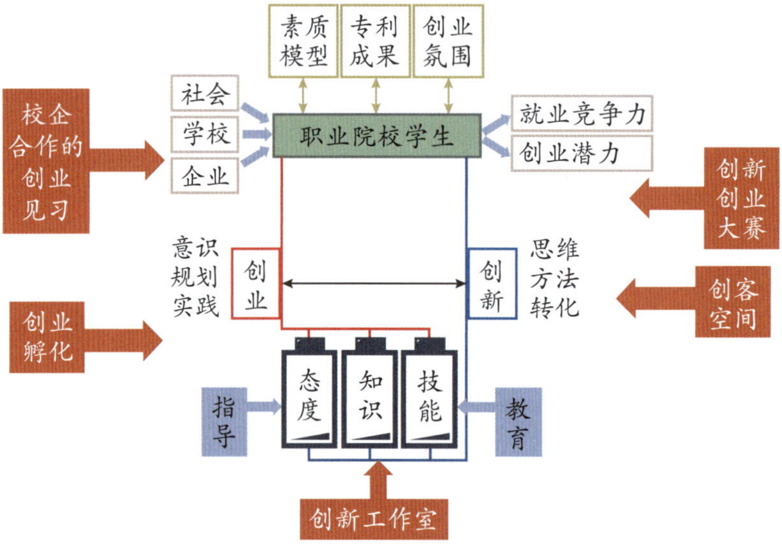

图 1-1　职业院校创新创业教育模型

培养手段是为帮助学生形成良好的创新创业态度，掌握创新创业知识和技能而进行的教育和指导。

培养环境是指职业院校为学生提供创客空间、创新工作室、创业孵化、校企合作的创业见习等，帮助学生组建团队参加各类创新创业大赛。

产出成果包括研究出更为科学的职业院校学生素质模型，提交创新专利成果并寻求商业价值转化，促进学生积极参与校内外低风险创业体验和实践。

第一部分　创新

每个人都是潜在的创新者，都可以通过学习来强化并发挥自己的创新能力。在这一部分，我们将完成八个章节内容的学习，学习的过程就像上楼梯一样，每学习一章，我们将登上一级台阶，待我们登上八级台阶时，我们将成为优秀的创新者。

我们可以在学习的过程中获得以下问题的答案：

◈ 什么是创新？

◈ 什么是创新思维？

◈ 如何产生更多的好点子？

◈ 如何用创新方法产生产品创意？

◈ 如何用创新方法进行活动设计？

◈ 如何用创新工具分析并解决问题？

◈ 如何让你的点子有商业价值？

◈ 如何让别人认同你的创新点子？

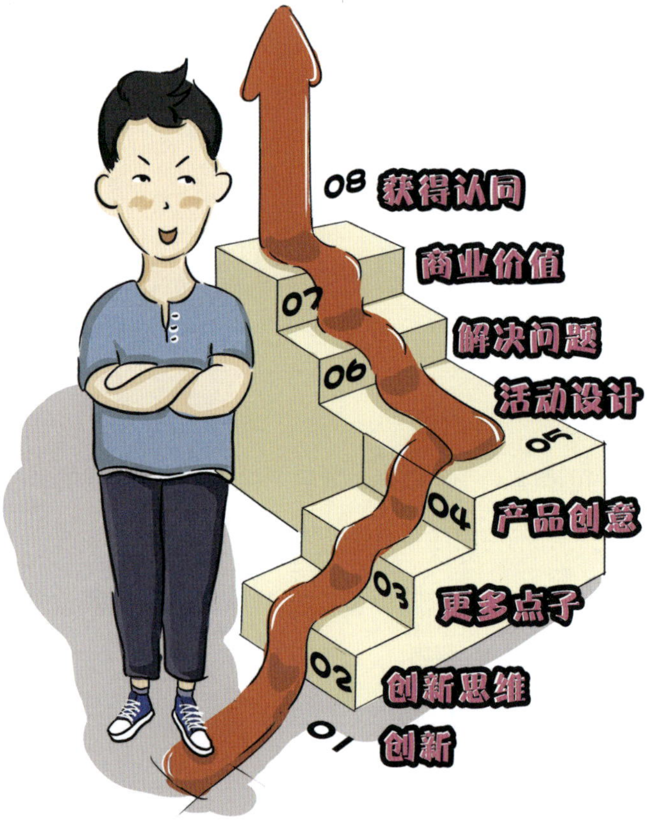

创新成长阶梯图

第一章 什么是创新

在本章中，同学们可以学习到：

- 什么是创新。
- 创新的常见分类。
- 职业院校学生创新的途径。

角色故事

小 A 的疑惑

小 A 虽然对创新很感兴趣，经常迸发出一些创作的灵感，喜欢做一些小制作和小发明，但有时他做到一定程度就没了灵感，导致很多创作不能完成。这种时常出现的挫败感让小 A 对自己产生了怀疑，怀疑自己究竟该不该做这样的尝试。另外，父母对他做这些小制作和小发明也不是特别的鼓励和支持，他们认为学好专业课才是最重要的。

T1 老师是小 A 班上的专业课任课教师，同学们都很喜欢这位老师，不仅因为他上课能够带动大家共同参与，还因为他的课程设计很有创意，总能让大家“脑洞大开”，上他的课，同学们总觉得时间过得很快。

一天，T1 老师刚宣布下课，小 A 就跑过去问他：“老师，听说您还是创新创业讲师，我想请教您一个问题。我很喜欢设计和制作新样式的竹雕工艺品，但是大家觉得我不务正业，还说一个中职生能搞什么创新啊。您觉得呢？中职生就做不了创新吗？创新真的很难吗？”

T1 老师听完小 A 的问题后，思考了一会儿，对他说：“其实创新也没那么难。你知道牛仔裤是怎么诞生的吗？1950 年，李维·施特斯把做帐篷用的帆布改成结实耐用的工作裤卖给了淘金工人，后来这种裤子逐渐成为美国人的时尚服装，风靡全球，这样的创新难吗？”

“还有你听说过三国杀游戏吗？”“知道啊。”小 A 回答道。T1 老师接着说：“其实三国杀就是三个年轻人借鉴国外桌上游戏的模式，结合我国三国时期的背景设计的一款新的‘桌游’。后来这三个年轻人筹措 5 万元创业资金开办了自己的‘桌游’工作室，将三国杀游戏推向全国，大获成功。”

其实每个人的小想法都值得进一步的思考和重视，如果对它们进行持续的探索和改进，很可能会变成被大家认可的大创新。每个人每天都有很多新奇的想法，但这些想法绝大部分被忽视了。因为很少有人去收集、记录这些想法，并进行深入的思考，实际去应用的就更少了，这就导致很多好的想法都没有被利用起来。而对于这些想法持续探索的态度就体现了每个学生都应具备的创新精神。创新精神能够让你在未来的生活和工作中变得更有想法，更能解决问题，也更有发展的潜力。

一、什么是创新

创新一词出现得很早，如《魏书》中就有“革弊创新”一说。

《现代汉语词典》中将“创新”解释为“抛开旧的，创造新的”，顾名思义，即创造新的事物。

《辞海》中将“创新”解释为“创立或创造新的”。创新的本质是突破，即突破旧的思维定式和旧的常规戒律。

在英语里，创新即 innovation，起源于拉丁语。创新有三层含义，如图 1-1 所示。第一层，更新，就是对原有的东西进行替换；第二层，创造，就是创造出原来没有的东西；

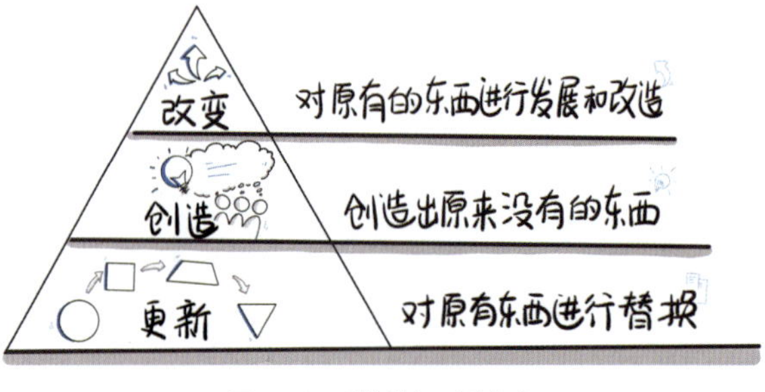

图 1-1　创新的三层含义

第三层，改变，就是对原有的东西进行发展和改造。

通过以上对创新的解释，我们发现创新并没有很多人想象的那么难，不是仅有发明创造才属于创新，哪怕是对某些产品、某些规则进行一点点改进、更新，其实也都属于创新。

比如，在中国的传统节日中秋节人们有吃月饼的习俗，但很多年轻人不爱吃月饼，所以为了迎合年轻人的需求，市面上就出现了很多新品种，如冰皮月饼、冰激凌月饼……这看似小小的改变对传统的月饼而言就是大大的创新。生活中小改变带来创新的例子比比皆是，例如，影院把 3D 眼镜变成夹片，以适应戴眼镜的人群；企业把 U 盘和名片相结合，做成 U 盘名片，用来做宣传等。

我们不能因创新的微小而轻视，小的创新积累多了就可能成为大的创新。当年微信刚上市时也只是一款具有互发文字信息功能的简单 App，功能和短信相似，但通过不断的迭代更新，如今的微信已成为一款集发送语音、图片、视频、文字、小程序，以及视频直播、支付交易等功能于一体的跨平台的社交通信工具。

角色故事

T1 老师的创新创业课

小 A 在新的学期中迎来了创新创业课程，让他喜出望外的是来上课的正是 T1 老师。

T1 老师在第一节课上就向同学们提问："你们还记得人们最早用的手机是什么样子吗？和现在的手机一样吗？现在人们一般多长时间换一部手机？"同学们都踊跃回答着。T1 老师接着说："通过手机的变化我们就能知道，这个世界的发展有多快。"接着他播放了一段视频，视频中清晰展现了这个世界变化之快。T1 老师介绍，未来互联网和人工智能等高科技的飞速发展，将会更加快速地改变这个世界。而每位同学在创新方面其实就像一座火山，只是有人在"喷发"，有人在"休眠"，生活在这个日新月异的世界中，每个人都需要认识到自己原本就具有创新力。

T1 老师的课程让同学们感觉到未来世界的变化将会更快，每个人都需要培养自己的创新意识和创新能力。

二、创新的分类

1. 按照创新强度分类

哈佛商学院的克莱顿·克里斯坦森教授按照创新强度将创新分为渐进式创新和颠覆式创新。

渐进式创新是指通过不断的、渐进的、连续的小创新，实现产品或技术的改良和拓展。例如，对手机的结构进行细微的改变，将手机摄像头由一个增加到多个，达到增强其摄/录像功能的目的。

颠覆式创新是指打破原有产品或技术状态，进行创造性的、突破思维定式的创新。例如，从传统的全键盘手机到现在的触屏手机等。

2. 按照创新用途分类

按照创新用途，创新可以分为产品创新、服务创新、管理创新、技术创新、工艺创新、流程创新等，如图 1-2 所示。

图 1-2　按照创新用途分类

三、职业院校学生创新的途径

角色故事

追求创新会影响学习吗

通过与 T1 老师的交流，小 A 对追求创新重拾信心，但是内心深处还是有一点儿疑虑，因为父母担忧创新和学习有冲突，影响他的学业。带着这种疑虑，小 A 又找到 T1 老师咨询。

T1 老师告诉小 A，创新不仅不会影响他的学业，还会让他在未来走向社会寻求就业时有更强的竞争力。追求创新有助于他掌握创新的思维和技巧，也有助于增强分析问题和解决问题的能力。企业不仅需要技能型人才，更需要有分析问题和解决问题能力的人才。

T1 老师给小 A 讲述了一则故事。某职业院校的一名学生经过调查研究发现，老人在超市购物时携带物品很不方便，于是他考虑怎样能够帮助这些老人更轻松地将购买的商品带回家。针对这个问题，他考虑了很多解决办法，经过反复研究和试验，他终于设计出一款具有电驱动功能的购物车。他把这个想法告诉了他的老师，老师非常支持他的创新实践，帮他联系学校的资源制造出这款购物车的原型车。后来，这名学生带着这款购物车参加了全国创新大赛，评委们对于他的创意和作品给予了充分肯定。在那次大赛中，他击败了众多参赛的大学生选手，一举获得金奖。

听完 T1 老师的介绍，小 A 豁然开朗，更加坚定了从事创新实践的梦想，他相信自己未来也一定会与众不同。

但是，该如何提升自己的创新能力呢？T1 老师告诉小 A，创新首先要从创新思维的学习和训练开始，有关这方面的内容他将在下节课中与班里的同学们分享。这让小 A 对下节课的到来充满期待。

职业院校学生可以结合以下几个方面开展创新，如图 1-3 所示。

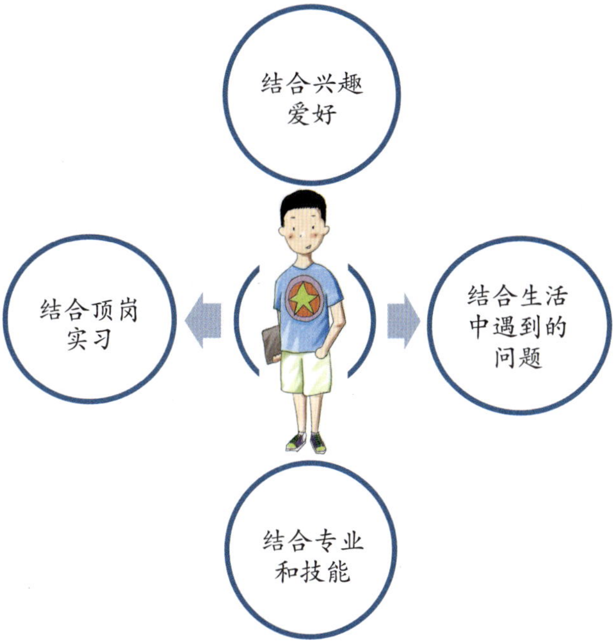

图 1-3 职业院校学生创新的途径

例如，从结合专业和技能的角度看，机械类相关专业的同学对操作流程做一些调整，可以使工作效率更高、质量更好；幼教专业的同学为孩子们设计各种游戏，重新编排歌舞等；会计专业的同学探索更高效的记录和分析账目的技巧等，这些都是创新。

再如，同学们对某个教具、某种工具的外形或功能进行调整，或者直接设计出新的用具，来完善它们的功能，这也是创新。

在生活中，为了更有效地解决问题，结合新的思考，进行某种新的尝试，同样属于创新。

通常，职业院校学生进行创新会有以下收获：

- 可以从另外一个角度认识自己所学的专业。
- 对所学专业的工具、器具、设施、设备进行开发或改良，更有利于提高学习效率，优化学习效果。
- 让设计和制作的作品更有创意。
- 对所学专业的工艺、流程等产生新的想法，提高效率。
- 基于所学专业挖掘出更多商业价值。

重视收集我们偶尔迸发出的灵感，并把它们记录下来，这些很可能成为我们创新的起点。经过自己思考或与他人共同研究探索之后，它们可能会成为一个个“金点子”。

1. “大众创业、万众创新”是哪位国家领导人在什么时候、什么地点提出的？

2. 为什么要鼓励“大众创业、万众创新”？

3. 还有哪些创新的方法？

请回顾本章所学内容，在下面的文本框中写出关键知识点。

什么是创新

创新的分类

职业院校学生创新的途径

第二章　什么是创新思维

在本章中，同学们可以学习到：

- 创新思维的概念及分类。
- 实施创新思维的四个步骤。

角色故事

小A问T1老师："怎样才能产生创新的想法？"T1老师回答道："你本来就有很多创新的想法，但要让想法能更多、更轻松地出现，能更具有可行性，你就要先了解创新思维的运行原理。"

一、什么是创新思维

1. 概念

创新思维是人脑对客观事物进行有价值的求新探索而获得独创结果的思维过程，即重新组织已有的知识、经验，提出新的方案或程序，并创造出新思维成果的思维方式和过程。它是在一般思维的基础上发展起来的，是人类思维能力高度发展的表现。创新思维与一般思维的不同就体现在它有创新的作用，能产生创新的成果。

简单地说，运用创新思维可以使你产生更多的新点子，找到新的思路。

2. 分类

创新思维包括两种基本的思维形式，即逻辑思维和非逻辑思维。

（1）逻辑思维。逻辑思维是有充足的理由作为前提得出结论的思维活动，我们可以利用归纳、演绎、类比等方式，通过综合分析，探索研究实现创新。例如，电子商务专业学生通过分析顾客的共性需求提供他们需要的产品等。逻辑思维是一种具有确定性的，前后一致的，有条理、有根据的思维。

（2）非逻辑思维。非逻辑思维是指有不充足的理由作为前提得出结论的思维活动。人类大脑中产生的直觉思维、灵感思维、跳跃思维、发散思维、形象思维等思维形式多属于非逻辑思维，比如，绘画、拍照和手工创意艺术作品等。非逻辑思维具有偶然性、可逆性、不确定性，不受各种框架约束，不受时间、空间限制，灵活性很强。

创新思维是逻辑思维与非逻辑思维相互作用、共同促进，从而实现创新的过程。

角色故事

创新思维有点复杂

在学习了创新思维的概念后，小 A 问：“创新思维的这些概念听起来很复杂，我们能灵活运用这些思维吗？”T1 老师回答道：“很多时候，创新思维是非逻辑思维与逻辑思维相互作用、共同促进的螺旋递进过程，是一个复杂的过程。但每个人都会通过不同的运用和实践，将其转化为自己的理解，并有更多的延展。”

非逻辑思维有很多种，下面列举其中的三种。

● 发散思维。发散思维又称辐射思维，是通过对已知信息进行多方向、多角度、多渠道的思考，从而发现新问题，探索新领域，寻求新思路，取得新结果的思维方式。

发散思维的特征和作用是，不墨守成规，不拘泥于传统，使人的思路不受已有知识和经验的束缚，摆脱事物旧有的联系，克服心理定式，跳出“常识”的框架，以新视角去观察、分析事物，寻求不同的解决问题的方法，找出新的创意。

例如，想想曲别针（见图 2-1）都有什么用途？

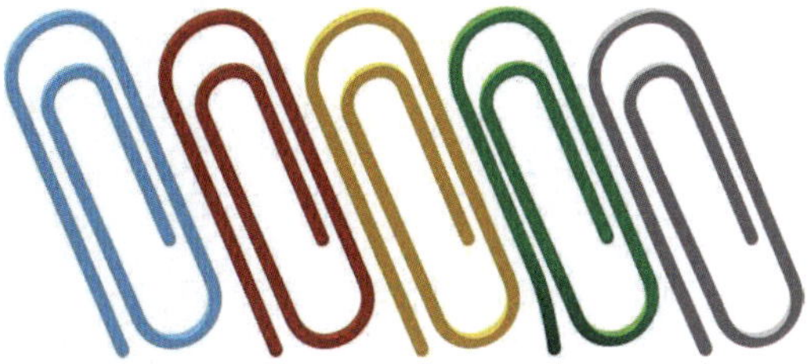

图 2-1　曲别针

可以别东西，如别文件、别日历等；可以挂东西，如挂窗帘、挂灯笼等；可以钩东西，如做鱼钩、钉书本等；可以做连接，如做门帘、做导线等；还可以有更多用途，如做戒指、做项链等。

你会发现用发散思维可以产生大量的想法，好的创意很可能就产生在发散思维的过程中。

请思考，它在想什么？

● 形象思维。形象思维也称艺术思维，是用直观形象和表象解决问题的思维。形象思维是文学艺术创作过程中主要的思维方式，借助形象反映生活，表达作者的思想感情，如图 2-2 所示。形象思维是创新设计和呈现创新成果的重要手段。

● 直觉思维。直觉思维是对感性经验和已有知识进行思考时，不受某种固定的逻辑或规则约束而直接领悟事物本质的一种思维方式。直觉思维具有敏捷性、直接性、本能意识等特征。直觉作为一种心理现象，存在于日常生活和学习研究等许多活动中，人们在创造发明等活动中可以凭直觉抓住思维的“闪光点”，了解事物的本质和规律。

直觉的意义在于它是我们的潜意识，在我们还不清楚自己的样子时，它在提示着我们的走向。事实上，我们在很多情况下做的决定，凭的都是直觉。

直觉有时被称为灵感，也就是不假思索，大脑之中一下子产生的想法。在创新创业过程中，要重视直觉带给我们的可能性和惊喜。

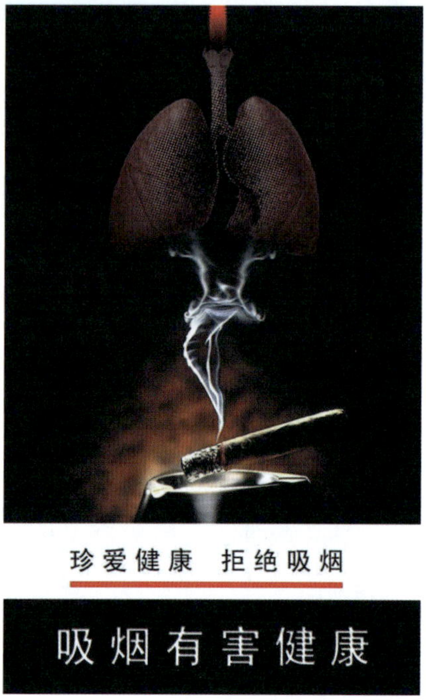

图 2-2　运用在戒烟广告上的形象思维

总之，非逻辑思维对于创新创业意义重大，我们要做好逻辑思维与非逻辑思维的结合训练。

非逻辑思维往往是实现创新突破的开始，而逻辑思维则是在实现创新突破之后对其合理性和可行性的验证与优化，如图 2-3 所示。

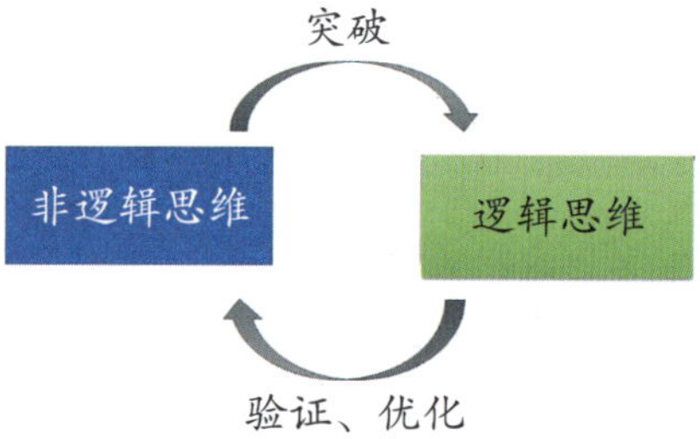

图 2-3　逻辑思维与非逻辑思维的关系

通过思维的训练，我们将做到突破固有思维，寻找新的可能，敏感地发现问题，从而为实现有质量的创新奠定基础。

二、实施创新思维的步骤

其实每名学生都是一座创新的“金矿”，都可以围绕专业、就业等各方面培育创新意识，尝试创新实践。

我们可以借助英国心理学家华莱士（G.Wallas）提出的准备、酝酿、明朗、验证四阶段结构模式，更好地实施创新思维，如图 2-4 所示。

在创新思维实施的四个步骤中，逻辑帮助我们找到了思维的起点，并确保了论断的科学性，直觉则拓宽了我们思维的范围，避免了思维活动受到旧有观念和思维定式的桎梏，寻求到解决问题的捷径，提高了思维的效率。

例如，设计一种有磁性，可以吸附在白板上，并且能在其上反复擦写又不会被意外蹭掉书写内容的彩色教具，其实施步骤如图 2-5 所示。

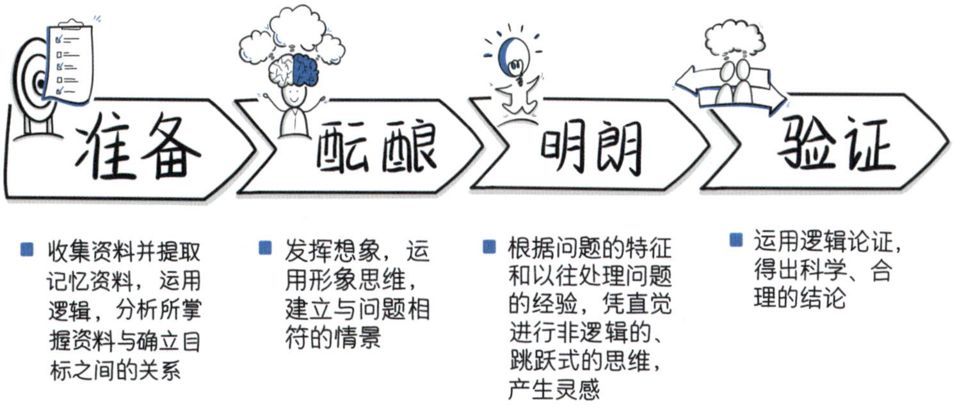

图 2-4　创新思维的实施步骤

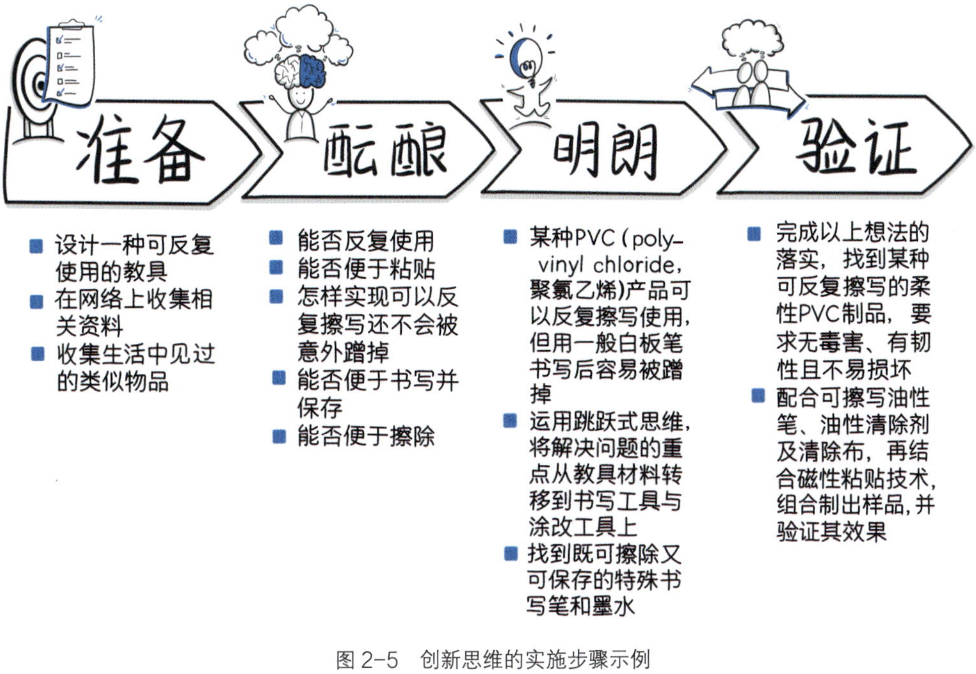

图 2-5　创新思维的实施步骤示例

人的左、右脑思维有什么差异？

____

____

____

____

____

请回顾本章所学内容，在下面的文本框中写出关键知识点。

什么是创新思维

创新思维的实施步骤

第三章　如何产生更多的好点子

在本章中，同学们可以学习到：

- 头脑风暴法的作用和使用方法。
- 类比法的作用和使用方法。
- PMI 分析法的作用和使用方法。

角色故事

过几天就是小 A 妈妈的生日了，他正困惑着该送什么样的礼物，他所想到的礼物都太平常了，很不理想。小 A 问 T1 老师有什么方法可以让自己产生更多的好点子呢？

T1 老师说："打开思路的方法有很多，比如头脑风暴法、类比法和 PMI 分析法等。"

一、头脑风暴法

1. 什么是头脑风暴法

头脑风暴法又称脑力激荡法、智力激励法或自由思考法，是由美国创造学家亚历克斯·奥斯本（Alex Faickney Osborn）于 1939 年首次提出，1953 年正式发表的一种激发性思维的方法。

头脑风暴法是快速、大量寻求解决问题构想的集体思考方法，目的就是找到新的解决问题的方法。

2. 头脑风暴法的分类

（1）开放式头脑风暴法。开放式头脑风暴法可以针对多人进行快速的思维发散、碰撞而产生大量想法。开放式头脑风暴法让思维天马行空，集思广益，对参与的人数没有特别的约束，可以针对较多人实施。

（2）小组头脑风暴法。小组头脑风暴法通过组建小组，运用团队智慧共同产生灵感和想法。小组头脑风暴法强调小组内部协作，设立主持人、记录员等角色来促进头脑风暴活动有序进行，要求做好记录和分析工作。

3. 头脑风暴法的基本要求

头脑风暴法的基本要求见表 3-1。

表 3-1　　头脑风暴法的基本要求

要求	说明
鼓励新奇的想法	鼓励参与者运用发散思维产生更多新奇想法
追求数量	在运用头脑风暴法的开始阶段追求想法的数量而不是质量，即不评价想法的好坏
可在别人的想法上“搭车”	参与者可以基于别人的想法产生更多新想法
不得批评	为促使参与者能够产生更多新奇想法，在运用头脑风暴法的开始阶段，禁止批评和质疑
延迟评价	在产生大量想法后，再对想法进行挑选和评价
记录所有想法	运用头脑风暴法时，最好记录所有人提出的想法
限定时间	最好限定时间，分阶段进行头脑风暴

4. 头脑风暴法的步骤

（1）开放式头脑风暴法的一般步骤如图 3-1 所示。

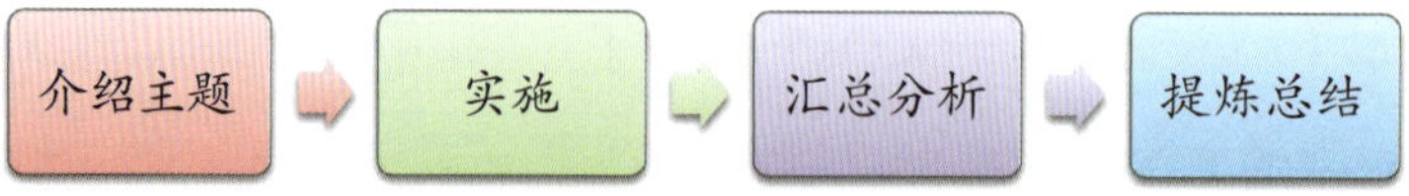

图 3-1　开放式头脑风暴法的一般步骤

● 介绍主题：确定要开展头脑风暴的主题，比如围绕什么需求产生新想法，或者要解决什么问题等。

● 实施：按照头脑风暴法的基本要求，激励大家产生更多的想法。

● 汇总分析：对大家发散思维产生的想法进行分析汇总。

● 提炼总结：在分析汇总后，对有价值的想法进行提炼总结。

请运用头脑风暴法产生解决“小朋友早晨赖床”问题的办法。

（2）小组头脑风暴法的一般步骤如图 3-2 所示。

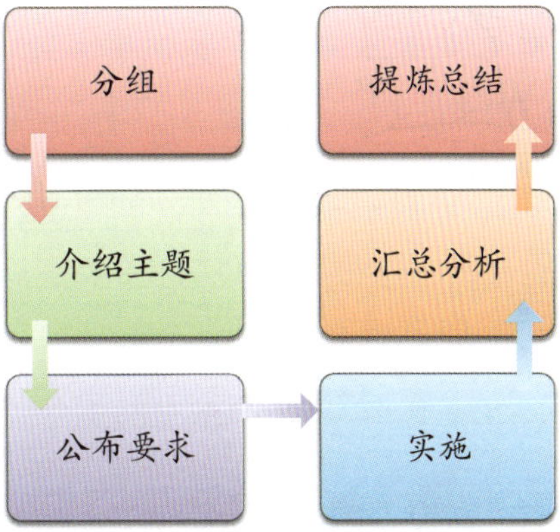

图 3-2　小组头脑风暴法的一般步骤

● 分组：将参与者分组，每组 4~8 人，并选出组长和记录员。

● 介绍主题：向参与者介绍头脑风暴的主题，明确任务是什么。

● 公布要求：向参与者公布头脑风暴的各项要求，并确认所有人都理解和认同（要求参见表 3-1）。

● 实施：进行多轮头脑风暴，时间可根据实际情况确定，每轮时间通常为 5~30 分钟不等。

● 汇总分析：收集所有信息，找出有价值的想法并进行讨论分析。

● 提炼总结：将讨论分析的结果进行提炼总结。

请运用头脑风暴法帮助同学们排除“在食堂打饭时排长队”的困扰。

我们还可以在头脑风暴法的基础上，通过随机组合、关联或延展等方式发掘新的点子，这很可能会给我们带来一些意想不到的好点子。

二、类比法

运用头脑风暴法可以产生很多点子，但是有时思维也会受到局限，这个时候，我们可以借助现有的事物进行联想，比如类比法，来获得尽可能多的点子。

1. 什么是类比法

类比法是根据两个或两类对象之间在某些方面相同或相似而推出它们在其他方面也可能相同或相似的一种思维形式和逻辑方法。

通常类比的思维过程分为两个阶段：第一阶段，把两个对象进行比较；第二阶段，在比较的基础上进行推理，即把有关某个对象的知识或结论推移到另一个对象中。类比法的特点是先比较，后推导，进而得出结论。

在运用类比法的过程中，我们需要了解新事物应具有的属性或特点，从而找到具有相同或相似属性或特点的其他已有事物。

例如，果园采用喷灌技术，喷出的水雾在空中受冷会凝结成雪雾，人们由此得到启发，发明了大型“喷雪枪”，如图 3-3 所示。

图 3-3　类比法举例

2. 类比法的分类

（1）仿生类比。进行创造性活动时，人们常常将创造的对象仿生化。例如，挖土机就是模拟人体手臂的动作设计出来的。它的主臂如同人的上臂，可以左、右或上、下弯曲，挖土斗如同人的手掌，可以插入土中，将土挖起。在机械设计中，采用这种仿生化的设计，常常会收到意想不到的效果。现在，这种仿生类比方法还被大量应用在科学管理中。

（2）直接类比。直接类比即从自然界或者已有的创造成果中找寻与创造对象类似的东西。例如，设计水上汽艇的控制系统时，人们可以将它同汽车相类比，将汽车上的转向盘和车灯、喇叭、制动机构等经过适当改进、优化，然后运用到水上汽艇上。这样比凭空想象设计一种东西更容易获得成功。

（3）象征类比。象征是一种用具体事物来表示某种抽象概念或思想感情的表现手法。在创造性活动中，人们有时会赋予创造对象一定的象征性，使它们具有独特的风格，这就属于象征类比。

象征类比多应用在建筑设计中，例如，设计纪念碑、纪念馆，需要赋予它们“宏伟”“庄严”“典雅”的格调；而设计咖啡馆、茶楼、音乐厅，则需要赋予它们“艺术”“雅致”“中国古典元素”的格调。

三、PMI 分析法

通过运用前文所述的两种方法，我们可以产生大量的点子，在尝试把这些点子付诸实践之前，我们需要思考它们各自的优缺点和可能性，这个时候我们可以采用 PMI 分析法。

1. 什么是 PMI 分析法

PMI 分析法取自爱德华·德·波诺（Edward de Bono）博士的《水平思考法》，是一种对观点或建议进行全面分析的思维方法，也是一种用于拓宽思维、寻求创新的方法。

P，即 plus，优点，指某种观点或建议的优点或有利因素，也就是人们喜欢或赞同它的理由和观点。

M，即 minus，缺点，指某种观点或建议的缺点或不利因素，也就是人们不喜欢或不赞同它的理由和观点。

I，即 interest，兴趣点，指某种观点或建议让人感兴趣的方面，也包含既不是优点也不是缺点的其他方面。

2. PMI 分析法的应用

PMI 分析法能确保人们在对某种观点或建议的各个方面都进行充分考虑后再做决定，避免通过直觉来评价一种观点或建议。

例如，某地区的公共洗手间，女洗手间经常排队，而男洗手间则经常空闲，于是当地有关部门计划取消男、女洗手间的设置，全部改为共用洗手间。对此计划的 PMI 分析过程如图 3-4 所示。

在这个例子中，我们先思考共用洗手间的优点，比如可以解决排队问题，提高公共洗手间使用率；然后考虑共用洗手间的缺点，比如安全问题、清洁难度问题、洗手间文化营造问题等；最后考虑兴趣点，比如洗手间第三空间——共用空间等。

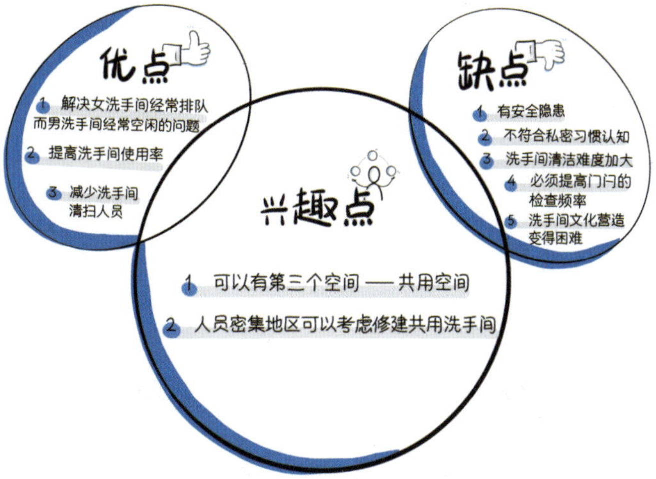

图 3-4　PMI 分析法示例

通过这个例子我们可以发现，运用 PMI 分析法，可以避免我们通过直觉片面地评价某种观点或建议，使我们更全面、更有技巧地考虑问题。

运用 PMI 分析法，我们不会拒绝第一印象不好，但实际上很可能有价值的观点或建议。

运用 PMI 分析法，我们对观点或建议的判断不是根据主观感受，而是根据观点或建议的价值本身做出的。

若没有运用 PMI 分析法，我们可能很难认识到自己非常喜欢的观点或建议的不足之处，而在实践中，这些不足很可能会带来不好的后果。

PMI 分析法告诉我们，一种观点或建议不只有好坏之分，它还能引出别的观点或建议，这一点意义重大。

3. PMI 分析法的基本流程

PMI 分析法的基本流程是，先确定这种观点或建议的优点（P），然后确定它的缺点（M），找出既不是优点也不是缺点但却吸引人的特点（I），权衡利弊后得出是否赞同这种观点或建议的结论，并给出理由，如图 3-5 所示。

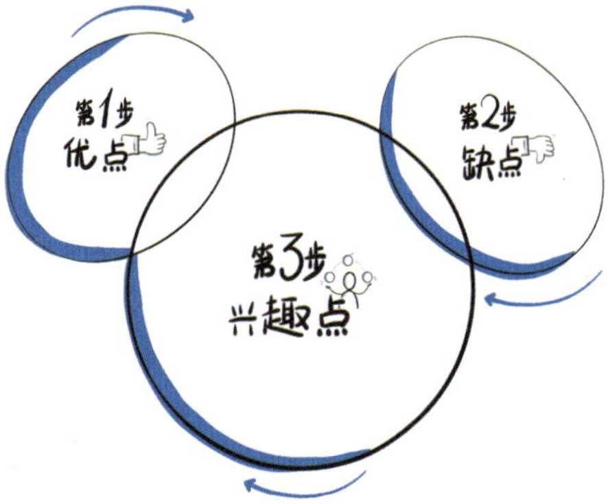

图 3-5　PMI 分析法的基本流程

尝试使用 PMI 分析法分析以下内容。

1. 学校每周六开展创业展销会活动，要求展销会的展销者必须是学生，分析并说明你对学校这项活动安排的看法。

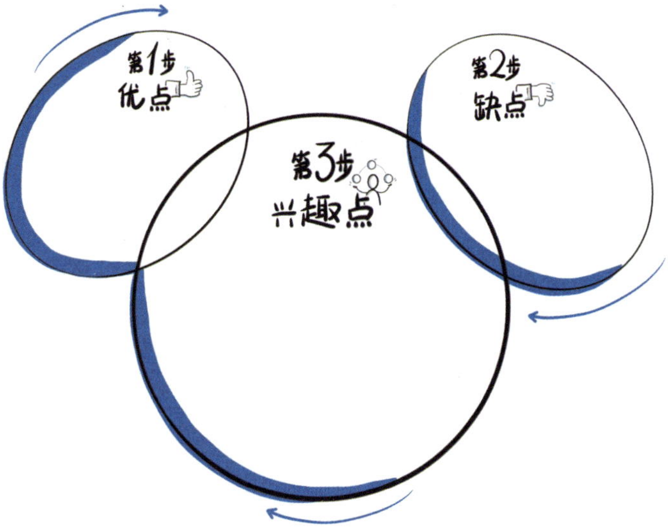

2. 学校规定学生上课时不得携带手机等电子设备，请说明你对学校这则规定的看法。

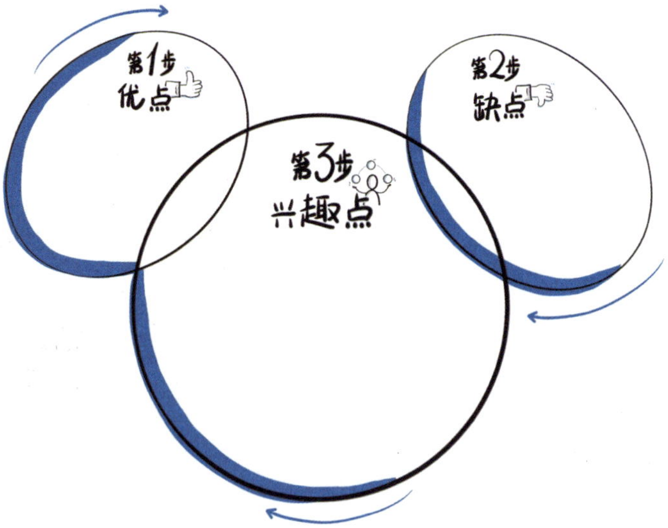

请回顾本章所学内容，在下面的文本框中写出三种方法的关键知识点。

头脑风暴法

类比法

PMI 分析法

第四章　如何用创新方法产生产品创意

在本章中，同学们可以学习到：

- 什么是 SCAMPER 策略。
- 应用 SCAMPER 策略开发产品创意。

角色故事

小 B 带了三个好朋友向 T1 老师请教有什么办法能在自己的专业领域内产生更多的创意，帮助自己拓宽思路。小 B 的这三个好朋友分别来自烹饪专业、广告设计专业和服装设计专业，她们都想利用创新思维开发产品。T1 老师告诉她们，前面三种方法都是有用的，但如果先有一个和产品开发结合度高的构思，再融入前面三种方法，效果可能会更好。于是 T1 老师向他们介绍了 SCAMPER 策略。

一、什么是 SCAMPER 策略

SCAMPER 策略是由美国教育管理者罗伯特·艾伯尔（Robert F. Eberle）于 1971 年提出的一种综合性思维策略。

要解决某种产品或服务所存在的问题时，或者要改进、升级某种产品或服务时，SCAMPER 策略是一种很好的工具，可以帮助我们拓宽思路。

SCAMPER 由 7 个英文单词和短语的首字母构成，它们分别是：

S，即 substitute，替代，包括成分、材料、人员的替代等。

C，即 combine，合并，包括混合，与其他功能的整合等。

A，即 adapt，改造，包括改变功能或部分结构等。

M，即 modify（magnify，minify），调整，包括放大、缩小、调整形状和规模等。

P，即 put to other uses，挪作他用或者改变意图。

E，即 eliminate，去除，包括简化、去掉部分功能或特征，凸显核心功能等。

R，即 reverse（rearrange），逆向操作，重新安排，包括里外对换、上下颠倒、逆转、重组等。

以上 7 个单词和短语所表达的思维方式是人们进行创新发明的重要途径。例如，人们用纸代替布料，发明了面巾纸；用轻薄透风的面料结合防紫外线功能，发明了皮肤衣等。

二、SCAMPER 策略应用

如果用 SCAMPER 策略来分析雨伞，我们会惊奇地发现，从 SCAMPER 的不同维度可以产生很多新奇的想法。

例如：

S（替代）：我们能替代什么？用什么来替代？这里考虑的是替代伞的布料，传统雨伞的伞布只能防雨，但如今很多人需要具有防紫外线功能的伞具，于是出现了黑胶布伞。

A（改造）：我们能改造什么？原有雨伞都是直柄的，长度在 85 厘米左右，不便于随身携带，通过对伞柄和骨架的改造，诞生了各种样式的折叠伞，有的折叠伞只有十几厘米长，可以装到女士的小手提包里。

表 4-1 展现了 SCAMPER 策略应用的过程。

表 4-1　　SCAMPER 策略应用示例

主题：围绕雨伞进行 SCAMPER 分析	
要点	内容
S（替代）	由于伞需要具备防紫外线的功能，所以将一般防水布换成黑胶布
C（合并）	考虑到需要同时满足防晒、防雨双重需求，生产出晴雨两用伞
A（改造）	考虑对便携性的要求，从直柄伞改造成折叠伞
M（调整）	根据使用环境不同，有便携式的小型伞，也有用于户外运动的超大型伞
P（挪作他用）	原本只是作为人们的避雨用具，逐渐拓展出其他用途，如车顶专用伞等
E（去除）	去掉伞柄，变为防雨、防晒车罩
R（逆向操作）	针对机动车驾乘人员的需求，设计出反开伞，以免收伞进车时弄湿车厢

请尝试应用 SCAMPER 策略围绕眼镜提出产品创意。

主题：____

要点	内容
S（替代）	
C（合并）	
A（改造）	
M（调整）	
P（挪作他用）	
E（去除）	
R（逆向操作）	

利用相关思维产生创意的方法还有很多，如 TRIZ 分析法等。感兴趣的同学可

以通过互联网搜索相关内容或查阅相关书籍学习。

请回顾本章所学内容，在下面的文本框中写出关键知识点。

SCAMPER 策略是什么

SCAMPER 策略的应用

第五章　如何用创新方法进行活动设计

在本章中，同学们可以学习到：

- 运用 5W2H 分析法设计活动方案。
- 利用思维导图设计活动方案。
- 制订行动计划来落实活动方案。

一、运用 5W2H 分析法设计活动方案

角色故事

小 B 向 T1 老师请教，她们班要参加全校的文艺汇演，以往的节目设计都没有什么新意，有什么方法可以帮她们产生更多的活动创意呢？T1 老师答道：“你们可以尝试使用一种新方法，它叫 5W2H 分析法。”他在白板上写出 5 个以 W 开头和 2 个以 H 开头的英文单词，接着说：“尝试用这种方法收集策划信息，可以帮助你们更快、更全面地进行活动设计。”

1. 什么是 5W2H 分析法

5W2H 分析法又称七问分析法，即用 5 个以 W 开头和 2 个以 H 开头的英语单词设问，围绕这些问题进行分析的方法，如图 5-1 所示。

what——是什么。是什么活动？是什么任务？做什么工作？

why——何因。为什么要做？目的是什么？原因是什么？是什么引起的？

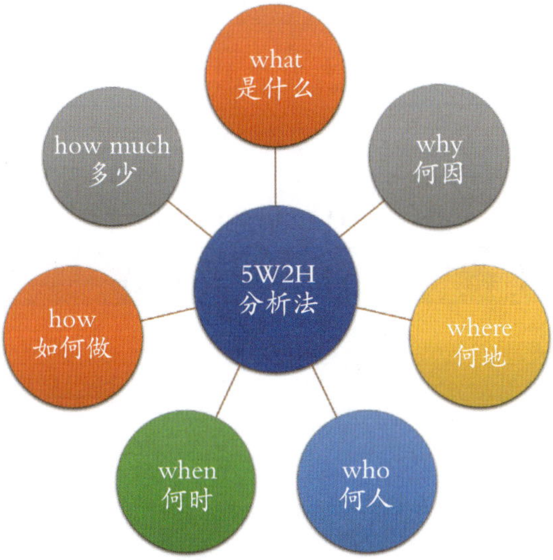

图 5-1 5W2H 分析法

where——何地。在哪里做？从哪里入手？

who——何人。有哪些人？和谁有关？由谁负责？谁来完成？谁批准？

when——何时。什么时间完成？什么时机最适宜？

how——如何做。步骤是什么？流程是什么？如何实施？用什么方法？

how much——多少。做到什么程度？需要花多少钱？数量如何？质量水平如何？费用产出如何？

2. 为什么要应用 5W2H 分析法

5W2H 分析法有利于分析者了解具体情况，分析问题，设计方案，帮助完成决策和执行，还有利于提高沟通时信息传递的清晰度。5W2H 分析法多用于企业管理和技术活动，也可用于个人决策以及执行活动等方面。

5W2H 可以为活动的策划提供信息收集和分析构架，可以使策划者全方位地考虑活动的各个维度，有效规避风险。

3. 如何应用 5W2H 分析法

5W2H 分析法是一种很好的训练思考能力的方法，有助于培养一种严谨全面的思维模式，可以应用于生活中许多问题的处理，让头脑分析的过程更加全面，更有条理，不易产生混乱和遗漏。那么，在创新过程中，我们如何应用 5W2H 分析法来深入分析问题呢?

在此以小 B 一家三口去敦煌旅游为例来看看 5W2H 分析法的具体应用，见表 5-1。

表 5-1　5W2H 分析法的应用

项目	内容
what	敦煌旅游
why	利用假期增进全家感情，帮助小 B 丰富阅历，了解历史文化，提高规划能力
where	甘肃敦煌
who	一家三口
when	8 月 5—11 日
how	由小 B 做行程安排，包括必游景点、特色小吃、住宿安排、经费预算、行李准备等，由家长做审核
how much	预计花费 8 000 元，景点不缺失，行程可以适当轻松

请策划一次班会活动，尝试运用 5W2H 分析法进行设计，填写表 5-2。

表 5-2　运用 5W2H 分析法设计班会活动

项目	内容
what	
why	
where	
who	
when	
how	
how much	

如果我们打算创业，那么，5W2H 分析法对我们的帮助会非常大。我们可以在了解顾客和竞争对手，设计营销方案，制订各类计划时应用 5W2H 分析法来提高效率和效果。

做活动策划时应该考虑以下要点。

（1）策划思路清晰。要明确活动的主题，确定主体思路，提取关键信息，明确进行具体策划的指导思想。

（2）活动流程严谨。开展活动不仅要保证每个环节有序实施，还要对活动的各部分进行精心策划，从而保证达到活动的目的。

（3）应急预案充分。活动现场可能会有不可控的突发性事件发生，应急预案中不仅要针对活动当天现场可能出现的紧急状况做出备选方案，还要明确现场工作人员的分工，以确保活动的有序进行。

二、利用思维导图进行全面策划

角色故事

小 B 向 T1 老师请教，她们使用 5W2H 分析法对活动整体框架进行了梳理，也对整体方案进行了全方位思考，但是她们在做实施方案时仍发现很多疏漏，这种情况该如何应对？T1 老师告诉她，利用思维导图可以解决这个问题。

1. 什么是思维导图

思维导图（mind map）又称脑图、心智地图、树状图等，是 20 世纪 60 年代由英国教育家、心理学家托尼·博赞（Tony Buzan）提出的一种将放射性思考具体化的方法。

思维导图是以关键词为核心构建意义图形的学习工具，是按照学习特点和思维方式，运用线条、图画、文字、颜色等工具，将与中心词有关的信息、概念等进行加工整理，表征核心关键词，建构意义图形，以此来吸引注意，加强记忆，形成一个明确的逻辑关系结构图，如图 5-2 所示。

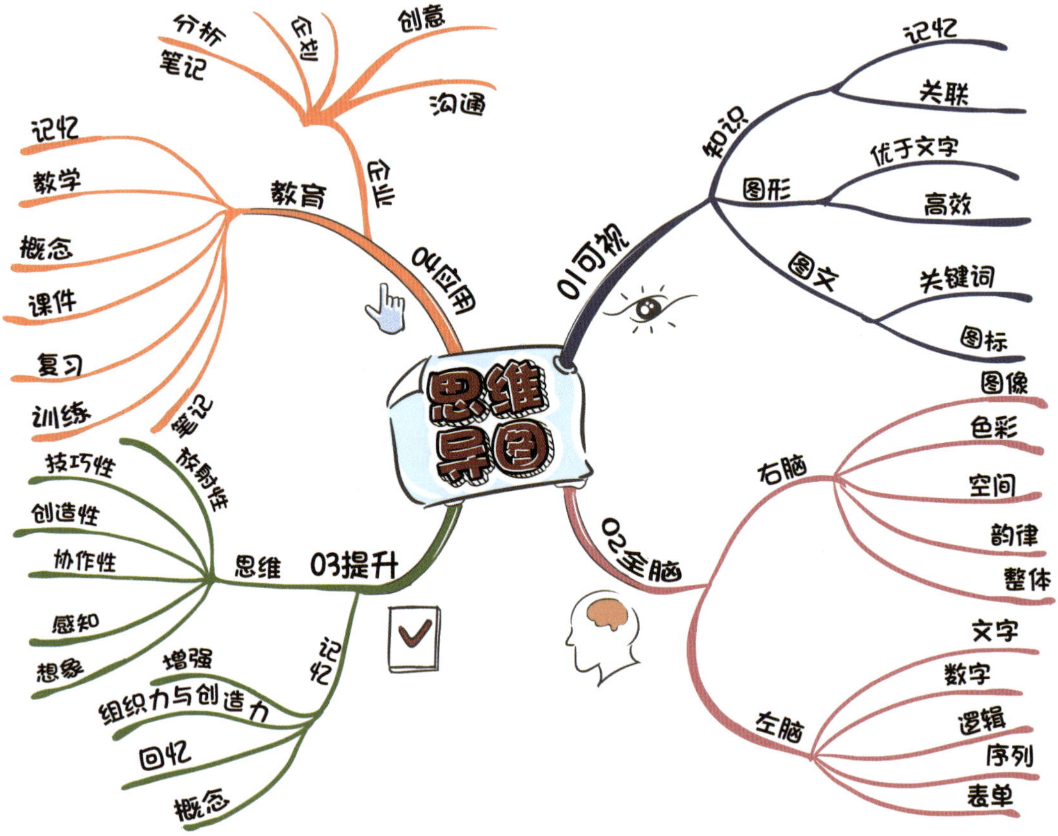

图 5-2　思维导图示例

思维导图既是一种包含发散思维和形象思维的非逻辑思维工具，也是一种结构化的逻辑思维工具。

2. 为什么要使用思维导图

思维导图是一种应用于记忆、学习的有效思维模式，它能够帮助人们快速厘清思路，构建知识框架，提升思维能力。人们可以利用思维导图来记录想法，展现思维，拓宽思路，优化记忆效果。

3. 思维导图的作用

- 思维的可视化。
- 综合利用全脑功能，加强记忆。

- 进行头脑风暴。
- 快速分析记录。
- 提高分析问题的效率。

我们可以利用思维导图进行系统策划，这不仅有利于对思维逻辑的全面思考和展现，也有利于团队成员之间的沟通交流。

4. 绘制思维导图的步骤

绘制思维导图通常包括以下步骤。

（1）在一张白纸的中心写出主题，并用一幅图像或图形表达自己的中心思想，如图 5-3 所示，切记周围留出空白。

（2）准备彩笔，绘制不同颜色的主干和分支。从右上角第一个分支（一级）开始，顺时针依次往下梳理并绘制，如图 5-4 所示。

（3）按需要梳理并绘制每个分支向下的分支（次级），将中心文字和主要分支连接起来，再和下级分支连接起来，以此类推。分支线条的粗细程度从一级向下逐级递减，如图 5-5 所示。

图 5-3　绘制主题图像

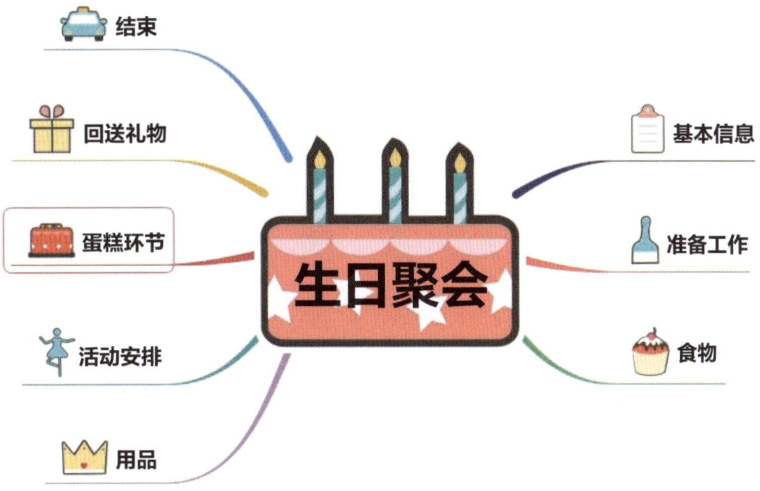

图 5-4　绘制一级分支

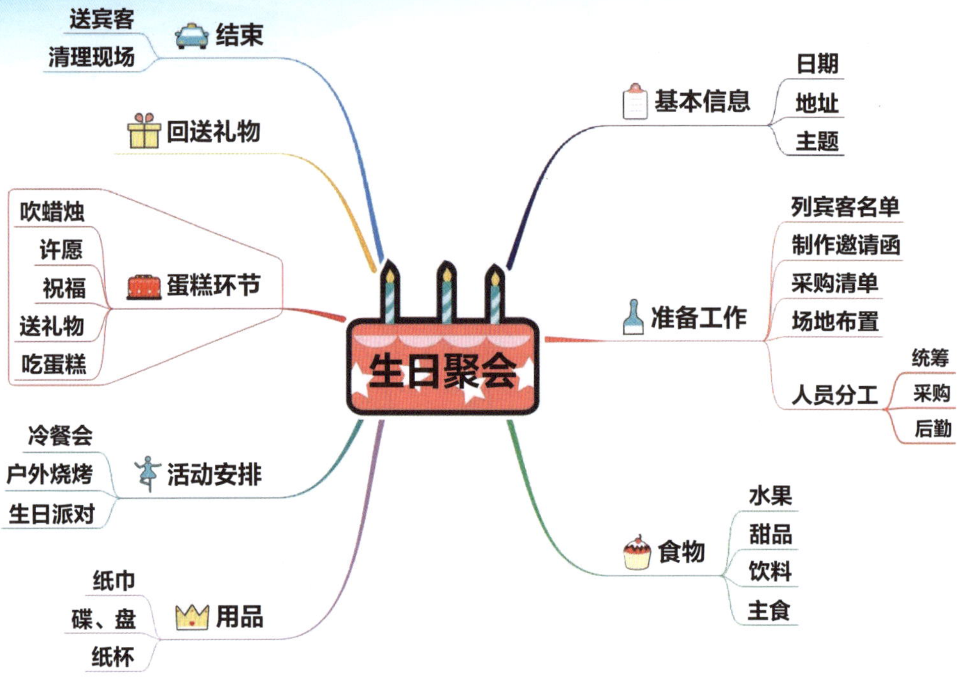

图 5-5　绘制次级分支

5. 绘制思维导图的注意事项

- 把纸横放在桌面上。
- 表示主题的文字图像通常放在中央。
- 中央的线条要粗些。
- 线条与线条之间要连上。
- 每条线上只写一个关键词。
- 关键词及线条的间隔和分布要合理。
- 字迹要清晰、简洁。
- 线条的长度与关键词本身的长度基本一致。
- 图形画得尽量清楚些。
- 字体、线条和图形尽量美观并多一些变化，不要只是直线。
- 整个思维导图中尽量配有图画。
- 尽量用三种或者更多的颜色绘制主题图像。

在熟练使用思维导图后，找到属于自己的效率最高的绘制方式，可以最大限度地发挥其效用。

6. 在策划时绘制思维导图

在策划时可以通过绘制思维导图进行思维发散和梳理，当然通过思维导图软件进行策划也是一种好办法，因为用软件绘制思维导图时增删信息更快速，归纳调整也更方便。

图 5-6 所示为班级毕业晚会活动策划方案的思维导图。从图中可以看出，整个活动策划方案涉及预算、目的、客人名单、场地、装饰、餐饮服务、流程和后勤八个方面，利用思维导图，从这八个方面可逐一梳理出活动的各个细节。

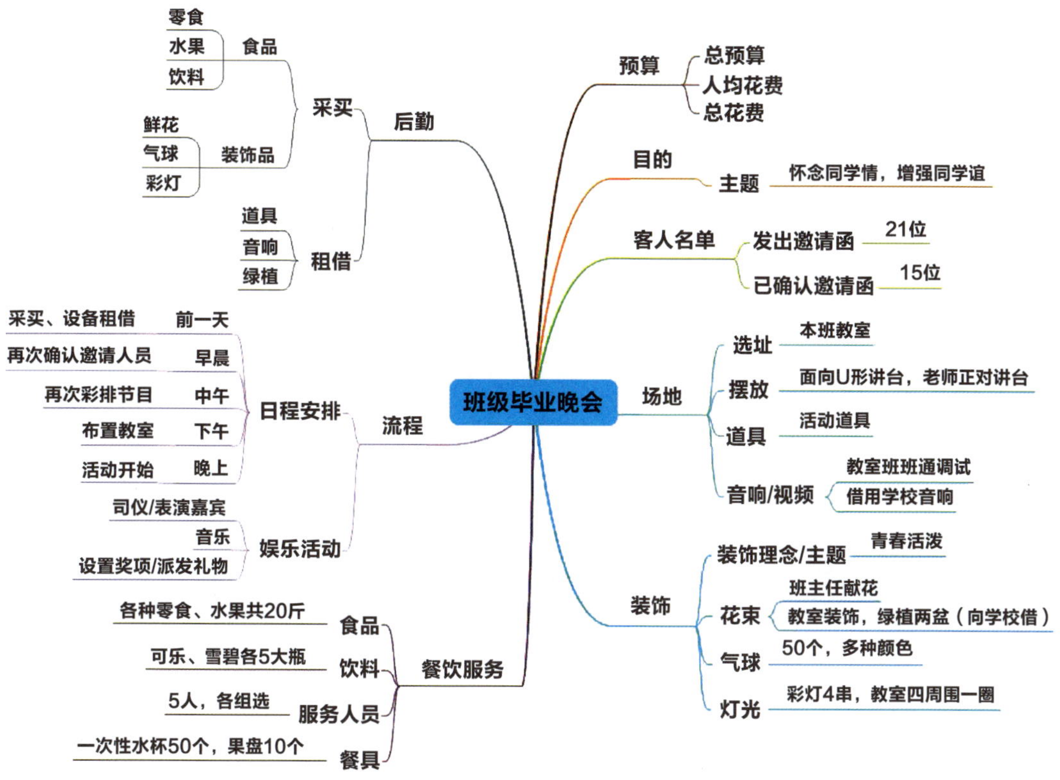

图 5-6　班级毕业晚会活动策划方案思维导图

请利用思维导图设计一份全家人假期旅游的活动方案。

思维导图是一种工具，在创新过程中，可以结合头脑风暴法、逻辑思维分析法、5W2H 分析法等方法综合使用。使用过程中，为了提高效率，不一定所有思维导图都要图文并茂，有主题和分支结构即可。

三、行动计划

通过以上两种方法设计出活动方案之后，我们就要考虑如何将方案落实到合理有序的行动当中，这时，我们需要了解什么是行动计划并制订一份行动计划来帮助我们实施活动方案。

1. 什么是行动计划

行动计划通常是指制定具体行动步骤，实现既定目标的过程和技术。行动计划也是指导创新创业者完成一个个目标和任务所使用的便捷工具。它可以给我们带来更好的创新创业行动效果。

2. 行动计划重要吗

为什么我们明明知道坚持做完、做对一些事情后自己一定会受益，但是却还是不做出行动呢？

这往往是因为缺乏具体、明确的目标，缺少强大动力或者缺少明确的任务和反馈。

如果我们想掌握某项技能，那么通过怎样的安排和行动才能在期望的时间内实现呢？这就需要我们把每一项行动任务和具体内容明确下来，保证各项任务都能及时完成，在完成时及时评价并给予一定的反馈和肯定。

3. 如何制订行动计划

为了保证活动方案得以有效实施，我们制订行动计划时需要考虑以下四个要素。

一是时间段，要求我们清楚地制定出一项行动任务需要在什么时间段内完成。

二是行动任务和内容，要求我们清晰地描述所要采取的行动任务有哪些。如果任务很复杂，我们可以将一项大任务分解为几项小任务。

三是完成目标，要求我们说明行动任务完成到什么程度就算是实现了目标。完成目标是对行动任务的一个评价标准，最好是可衡量、可实现的，既是对行动任务完成情况的一个计划，也是一个评估。

四是执行人，是指某项行动任务的具体执行者。

以下是一个简单的行动计划表，以供参考（见表 5-3）。

表 5-3　　行动计划表

时间段	行动任务和内容	完成目标	执行人

1. 搜索思维导图绘制流程，并尝试在 A4 纸上绘制本章内容的思维导图。

2. 搜索思维导图软件，如百度脑图、XMind 或 MindManager 等，了解其使用方法，并至少利用其中一种软件制作思维导图。

请回顾本章所学内容，在下面的文本框中写出关键知识点。

5W2H 分析法

思维导图

行动计划

第六章　如何用创新工具分析并解决问题

在本章中，同学们可以学习到：

- 解决问题的五个步骤。
- 5why 分析法的使用方法。

角色故事

小 B 觉得掌握未来走向社会所需的专业技术固然重要，但具有正确分析并解决问题的能力也是很关键的。

她向 T1 老师请教：“我们在生活或工作中遇到问题时，应该用什么方法来快速应对？能否利用创新思维分析并解决问题？”T1 老师说：“你可以运用解决问题五步法。”

一、解决问题五步法

解决问题的方法很多，通常会涉及对问题进行现象分析（看现象），原因分析（找原因），通过逻辑梳理寻找解决办法（想办法），评估最佳方案（做评估），最后进行有序、有效的实施（去实施）这五个关键步骤。在这五个步骤中，可以综合运用多种创新方法和工具。

1. 看现象

看现象是指对问题所引发的现象进行分析，应用第五章中学习的 5W2H 分析法可以较全面和快速地通过现象分析出问题所在。

2. 找原因

找原因是指通过发散思维和逻辑思维进行原因分析，并通过逻辑分析找出问题发生的主要原因。找原因常用 5Why 分析法，这也是本章学习的重要内容之一，我们在第三章中学习的头脑风暴法就是发散思维分析常用方法。

3. 想办法

想办法是指针对主要原因运用发散思维和逻辑思维的相互作用寻找解决问题的办法。想办法常用的思维导图，我们在第五章中已有所了解。

4. 做评估

做评估是指通过逻辑分析，如演绎、归纳等逻辑验证方式，评价解决问题的方法是否合理。我们可以在第十一章中具体了解做评估常用的 SWOT 分析工具。

5. 去实施

去实施是指通过做好行动计划和各项准备工作，完成各项行动任务，并及时根据实施中发现的新情况做出调整。

综合解决问题的各个步骤中可以使用的常规工具或方法，如图 6-1 所示。

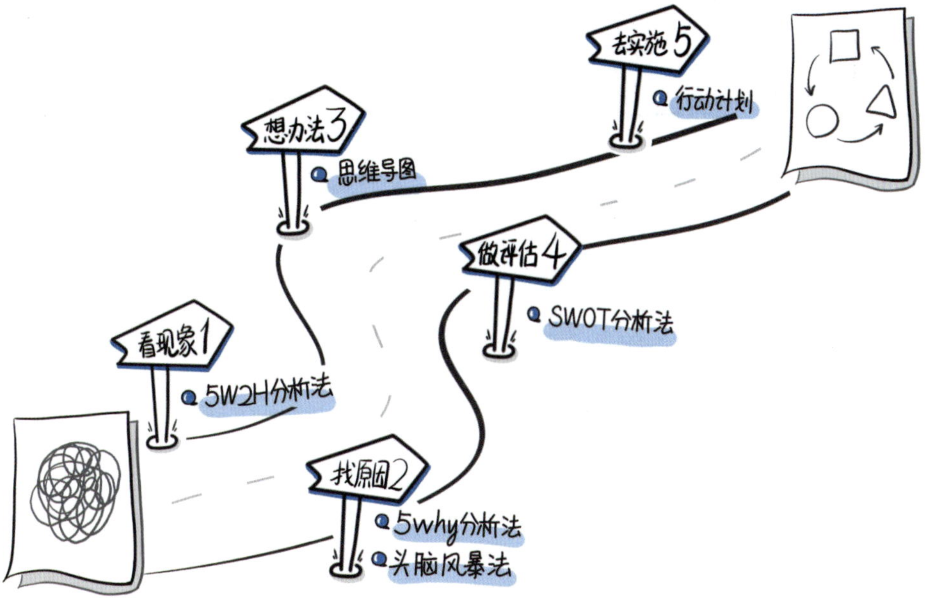

图 6-1 解决问题五步法

二、追问原因的 5why 分析法

1. 5why 分析法是什么

5why 分析法起源于某公司，当时有人问公司总裁成功的秘诀，他就说了一句话——“碰到问题至少问 5 个为什么”。这句话后来流行开来，并随着这一公司经营的成功，流行到世界各地。

5why 分析法又称五问法，是指对一个问题连续以 5 个“为什么”来自问，以追究其根本原因，如图 6-2 所示。虽然称为 5why，但使用时并不限定只做 5 次“为什么”的探讨，有时也许只需 3 个 why，有时也许要问 10 个 why，以找到根本原因为止，正如我国古话“打破砂锅问到底”所言。

图 6-2　5why 分析法

2. 5why 分析法的作用

5why 分析法鼓励并帮助解决问题的人努力避开主观或自负的假设和逻辑陷阱，从结果着手，沿着因果关系链条“顺藤摸瓜”，直至找出问题的根本原因。

若造成问题的原因有多个方面，则应找出每个方面原因的根源，如图 6-3 所示。

3. 如何应用 5why 分析法

下面以分析小王同学经常迟到的原因为例，看看 5why 分析法是如何运用的，如图 6-4 所示。

在这个例子中，我们需要考虑的是如何“想办法”“做评估”“去实施”，以解决小王同学经常迟到的问题。

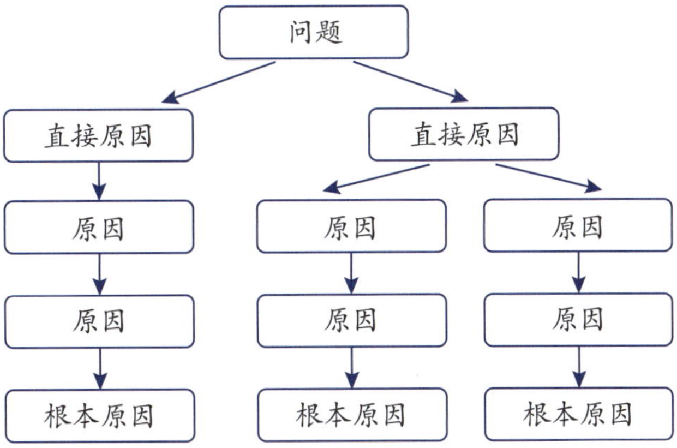

图 6-3　多重原因分析

运用 5why 分析法应注意：

（1）提出问题要恰当，要围绕需解决问题的根本原因展开。例如，小王同学经常迟到的原因是“出门赶上‘早高峰’”，此时正确的追问应是“为什么不能错开早高峰或把堵车的时间算进去”，而不是“为什么有‘早高峰’”。因为后一个问题偏了根本原因，属于不可控的问题方向。

（2）应能够区分原因和借口。例如，对于“为什么不早起”这一问题，归因是“父母没喊我起床”，这样分析就将原因转移到了父母身上，并不是解决问题的核心或根源。这样的分析并非原因，而是借口。

图 6-4　5why 分析法应用示例

应用 5why 分析法找原因时要找内部可控的原因，基于组织内部或个人找原因，而不是去找外部的不可控的原因。

使用 5why 分析法与 5W2H 分析法的其他案例。

利用图 6-5 所示的 5why 分析图梳理自己在学习或工作中遇到的某个问题。

图 6-5　5why 分析图

请回顾本章所学内容，在下面的文本框中写出关键知识点。

解决问题五步法

5why 分析法

第七章　如何让你的点子有商业价值

在本章中，同学们可以学习到：

- 什么是设计思维。
- 怎样运用设计思维做设计。

角色故事

小 B 向 T1 老师请教，如何让她们的点子具有商业价值，也就是有人愿意购买这个创意或产品。T1 老师告诉小 B，要让产品有市场价值首先要考虑顾客是谁，并找到他们，想办法卖给他们。事实上，这些点子未必会让顾客满意，该如何优化呢？这就需要建立设计思维。

设计思维就是要从顾客的角度去思考如何为他们创造价值，帮助他们解决问题，从而构想出解决问题的办法或设计出相应的产品。设计者需要做出一个原型产品，然后通过不断地测试和优化，使它能够满足顾客需求。这时候点子就有了商业价值。

一、什么是设计思维

设计思维就是一套以人为本解决问题的流程。艾迪欧公司（IDEO）的首席执行官蒂姆·布朗（Tim Brown）是这样定义的，设计思维是一种以人为本的创新方法，目的是既能符合用户的需要，又能满足技术的可能性和商业成功的必备条件。

设计思维以人们生活品质的持续提高为目的，依据文化的方式与方法开展创意设计与实践。它是一种有效的方法，使企业更有能力面对不确定性，管理现有业务和拓展新业务；对学生来说，也是一种了解市场需求、提升综合能力的有效方式。

二、如何使用设计思维

对于如何使用设计思维，斯坦福大学哈索·普拉特纳（Hasso Plattner）设计学院提出了设计思维五阶段模式，如图 7-1 所示。

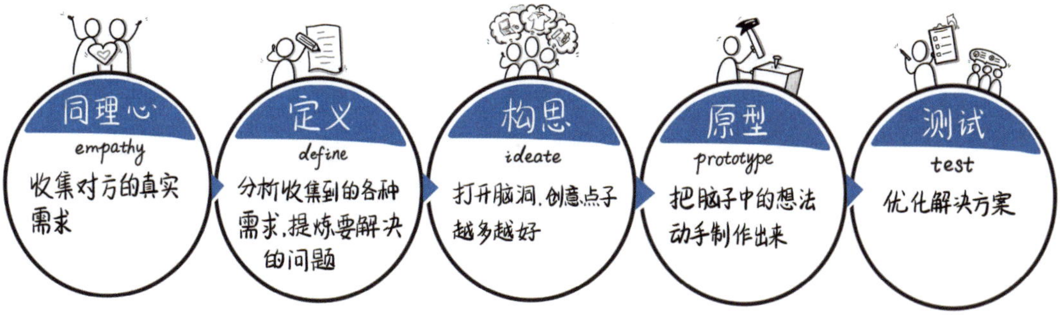

图 7-1 设计思维五阶段模式

1. 同理心

同理心是一种设身处地体会他人感受的思考方式，和同情心有本质上的不同。例如，有人掉进山洞，有同情心的人会说“你好可怜”，有同理心的人则会说“洞里这么冷，你一定不好受”。

使用设计思维的第一步，设计者需要通过同理心的沟通方式收集对方信息，了解对方真正的内在需求，也就是对方真正在意什么。

2. 定义

使用设计思维的第二步，就是要“定义正确的问题”，明确问题到底出在哪里，并用一句精简的话来描述。该步骤的目的就是弄清楚我们想解决什么问题。

3. 构思

使用设计思维的第三步，就是通过发散思维方式，如运用小组头脑风暴法等，尽可能多地产生出创意。

4. 原型

使用设计思维的第四步是原型，即动手把脑子中的想法制作成一个看得见或摸得着的模型。模型可以用报纸、纸盒、积木、橡皮泥制作，也可以用手机或计算机上的 Minecraft（我的世界）、3D 打印、3Dmax 设计软件等制作，能够呈现原型效果即可。

5. 测试

使用设计思维的第五步是测试，通过测试原型的功能，不仅可以检测预期效果，更能培养设计者的动手实践能力，在实践中找到优化解决方案的新思路，而不只是空想和计划。

设计过程中还要不断地更新原型，更新→测试→反馈→更新……循环往复，只有这样才能实现更好的创新。

使用设计思维过程中需要注意以下几点：

● 成员多元化。一个创新小组通常应由 3~5 人组成，鼓励不同专业或兴趣的成员加入，可根据产品方向的不同选择相关专业人士参与。他们可以从不同的视角观察和讨论，最终形成比较全面的观点和创意。

● 发散和收敛。发散与收敛存在于设计思维过程中的每一个阶段。在设计过程中进行发散性思考与收敛深入，在获取创意的过程中运用发散性思维，并受科技理性与商业理性的约束。

● 顺序可调整。设计思维的五个阶段并不总是按顺序进行的，它们不必遵循任何特定的顺序，可以并行发生，也可以迭代。

对于设计产生的创新产品，设计者可以通过申请专利或著作权保护的方式来保护自己的合法权益，同时提升产品的商业价值。有关申请专利或著作权保护的方法可通过扫描封底二维码获得。

例：某校学生想在校园内建一个垃圾分类智能提示系统，其设计思维流程见表 7-1。

表 7-1 设计思维流程示例

同理心	定义	构思	原型	测试
学生需要了解：人们在垃圾处理方面的需求是什么？他们的痛点、痒点在哪里？智能垃圾分类系统带来的好处有哪些…… 学生可以利用网络等工具获取包括相似方案、图片、视频等，借助相关信息资源和身边实例，建立更全面和深入的理解 例如，通过同理心调研发现人们对垃圾分类不够重视及分类错误问题	学生可以用同理心的方式重新聚焦垃圾分类问题，分析出存在的具体问题并对其进行归类，从而整理出可能存在的需求 学生需要明确问题到底出在哪里并简要描述 例如，可重新设计一款有提醒功能的分类垃圾箱，解决人们扔垃圾时分类错误的问题	学生可以利用人们的感知来收集有关垃圾分类的不同想法，同时通过发散思维的各种方法，让头脑中的想法更丰富 学生可以尝试画草图，使想法呈现得更清晰。这样可能会设想出更多更好的方案 例如，具有语音询问和提示功能，并有垃圾分类参与者奖励机制的垃圾分类提示系统，或能够视觉识别垃圾的智能系统	学生可以将草图转化成更具体的设计方案，并尝试建立一个可使用的原型，不断测试优化并对其商业可能性进行实时验证 例如，学生可以购买符合需要的语音系统或视频监控系统，进行编程优化，并验证其在不同场景下的使用效果	开发原型过程中，学生可以查看设计的微调效果，并将其与其他服务对象共享，获取反馈。这项验证工作有助于学生收集更多使用者反馈，并获取更多的建议和启发，更好地满足人们需求 例如，在学校进行投放，了解学生们的使用效果和体验反馈，及时优化

通过以上步骤，学生会收集到很多信息和实验数据，使用这些信息和实验数据还可以促进智能垃圾分类提示系统的开发和推广，并且在同学和老师的帮助下，这项创新还可能被推广到整个校园甚至更广泛的社区，让更多人受益。

三、设计思维的应用

以全球民宿短租平台爱彼迎（Airbnb）公司为例。

爱彼迎公司创立之初默默无闻，每周营业收入仅有 200 美元，公司正面临着零增长的困境。爱彼迎公司团队成员基于用户调查研究发现，公司所有房型的照片都大同小异，拍照过于随意，角度单一，租客是不会对这样的房源产生兴趣的。于是团队给出了解决方案，并迅速采取了行动，租一台相机，给所有房屋重新拍照，用精美的图片替换原来的图片。这一行动成为爱彼迎公司运营史上的拐点——公司从“以数据为导向”转向“以用户为导向”，成立第二年的年收入就翻了一倍，创造了业界的奇迹。可以说，是设计思维的方法改变了爱彼迎公司的运营轨迹。

学生在产品设计与开发阶段缺少资金、资源和精力，可以通过合作来解决问题。

设计思维为创业者不断优化产品或服务以及研发新产品提供了操作方法，这将有利于我们更好地理解本教材“第十二章　提供什么样的产品”的有关内容。

1. 浏览国家知识产权局网站（http://www.cnipa.gov.cn），了解申请专利的相关信息。

2. 浏览中国专利电子申请网（http://cponline.cnipa.gov.cn），搜索申请专利的相关要求和流程。

利用图 7-2、图 7-3 和图 7-4 做设计思维练习。

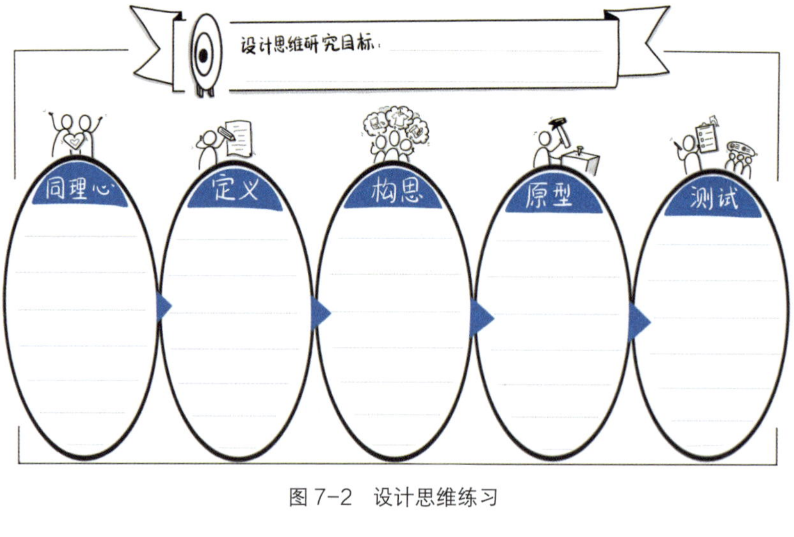

图 7-2　设计思维练习

其中，同理心和定义阶段可分别借助图 7-3 和图 7-4 所示工具来完成。

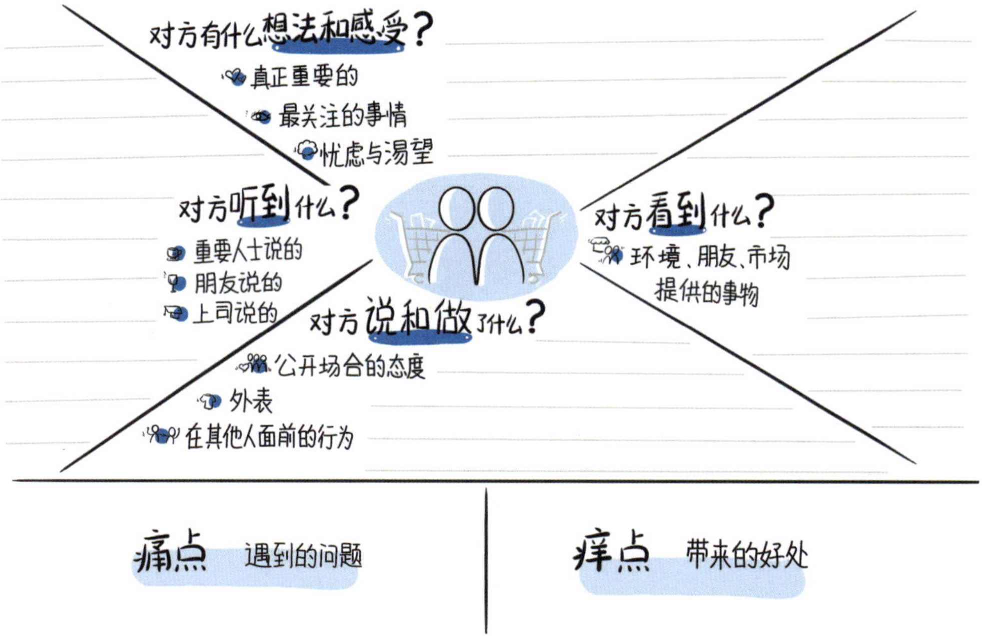

图 7-3　同理心分析工具

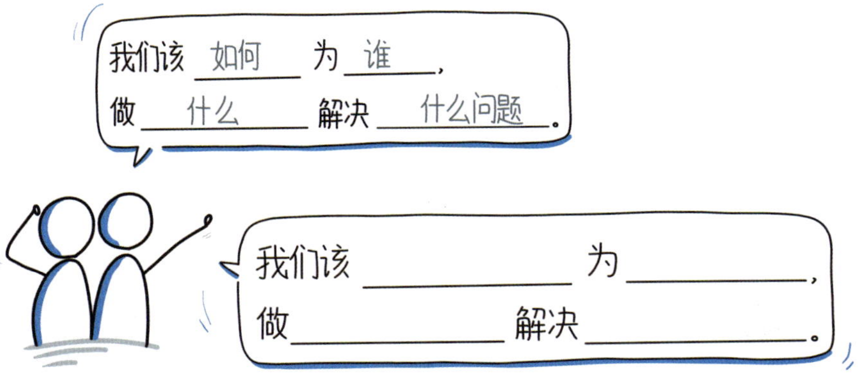

图 7-4　定义工具

请回顾本章所学内容，在下面的文本框中写出关键知识点。

设计思维

如何使用设计思维

同理心分析工具的内容

定义工具的内容

第八章　如何让别人认同你的创新点子

在本章中，同学们可以学习到：

- Idea 计划的内容。
- Idea 演说的基本要求，尝试演说自己的 Idea 计划。

一、Idea 计划

Idea 计划是对创新点子进行展示、描述、推介的过程，通常包含以下内容：

● Idea 基本描述（创意或产品的基本描述，归属行业或领域，灵感来源，功能说明，使用方法介绍等）。

● 设计团队介绍（参与 Idea 设计的人员）。

● 价值点分析（相对以往的差异性，解决什么问题，提供什么帮助，未来预期如何等）。

● 设计过程介绍（如何完成创意，产品的实施过程或计划，并说明设计过程中使用了哪些创新方法和工具，可附图介绍）。

● 所需支持（资金、设备、加工、人员等）。

● 商业价值（市场类似产品分析，本产品或服务的价值）。

● 专利可能性（是否具有申请实用新型专利或发明专利的分析）。

Idea 计划的用途如图 8-1 所示。

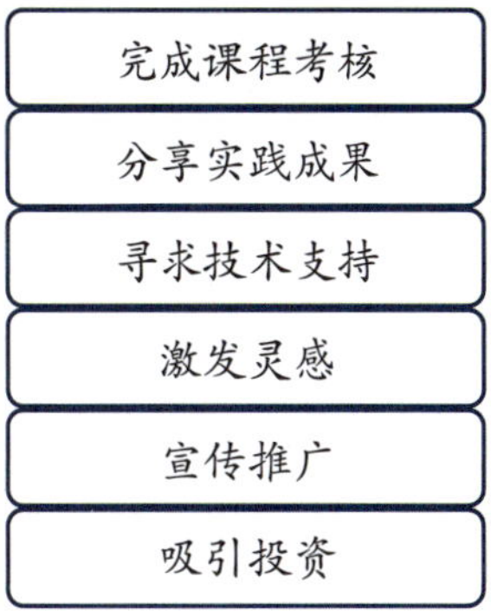

图 8-1　Idea 计划的用途

Idea 计划能帮助我们把自己的想法变得更有条理，能有效传递创新点子并阐明其价值。

完成本教程附录 1 的 Idea 计划的填写。

二、Idea 演说

确定 Idea 计划后，我们还需要做好准备，将自己的 Idea 计划说给别人听，也就是做 Idea 演说。

角色故事

小 B 向 T1 老师请教：“听说市教育局与人力资源和社会保障局在联合举办职业院校创新创业大赛，其中有一个比赛项目是创意设计，需要现场陈述自己的设计或发明，我很想参加，不过我不知道如何陈述，如何做准备。”T1 老师说：“这则消息我听说了，我很高兴你有兴趣参与，不仅可以让自己更好地完善项目，还能够得到专家的指导，甚至可能获得投资，让自己的项目能更快的发展和迭代，机会难得。如果你报名参加，我可以给你提供必要的指导。”

1. Idea 演说的形式

个人或团队现场演说，可借助 PPT、模拟场景、实物作品或样品、设计图纸、相关视频等呈现形式展示，目的是增强演说过程的形象性和说服力，让听众更好地了解自己的创新作品。Idea 演说也是创新创业教学中的成果检验过程。

2. Idea 演说的评价

听众往往会从以下几个方面评价 Idea 演说：

- 创新性：作品立意是否新颖，是否原创或是在原创基础上有较大创新和改进的事物，是否在关键节点、产品创意方面有创新，是否体现了作者的想象力和创造性。

● 科学性：作品（产品或服务）是否有较高科技含量，是否为该行业或领域提供了独特的或较好的解决方案，能否体现科技含量和利用新方法、新技术。

● 实用性：作品是否尽可能地接近生活和生产实践，能够解决实际问题，是否具有可预见的社会效益或经济效益，是否具有广泛的影响范围和广阔的推广前景。

● 艺术性：作品在选题、设计、制作、美工上是否有一定的艺术水平，是否有较强的可视性。

● 环保性：作品是否充分体现环保意识。

● 展现形式：是否用适合的形式或方式展现了作品，更好地体现了设计意图和效果。

● 表达能力：现场非语言表达和逻辑表达效果。

● 随机应答：解答听众提问时的现场反应和解答效果。

● 其他。

近年来，为培养和提升职业院校学生的创新创业意识和能力，各地纷纷开展职业院校创新创业大赛，积极参与此类活动是难得的提高自己创新创业能力的机会。

你所在地区职业院校创新创业大赛（正在举办的或近期举办的任何一届）的要求。

请尝试把你的 Idea 计划做成演说用 PPT。

请回顾本章所学内容，在下面的文本框中写出关键知识点。

Idea 计划

Idea 演说

第二部分　创业

学习创新后，我们发现自己的好点子很有可能具有商业价值，甚至萌发了把这些好点子作为创业项目的想法。不过我们知道创业并没有那么简单，一不小心就会血本无归，那么应该如何做呢？这就需要通过学习来掌握创业的基本思路和方法。还记得学习创新之前的阶梯图吗？和学习创新一样，学习创业也是一个“登高”的过程。

在这个“登高”的过程中，我们可以获得以下问题的答案：

◈ 什么是创业？

◈ 如何做创业调研？

◈ 如何形成创业项目？

◈ 提供什么样的产品？

◈ 如何组建创业团队？

◈ 如何做好财务规划？

◈ 如何制订创业计划？

◈ 如何演说创业项目？

创业规划阶梯图

第九章　什么是创业

在本章中，同学们可以学习到：

- 什么是创业和创业精神。
- 创业有哪些风险，如何应对这些风险。
- 职业院校学生创业要做哪些准备。

角色故事

小 C 是个有创业梦想的同学，很崇拜那些优秀的创业者，他希望将来也去创业，改变自己的未来。

他认为现在是个好时机，国家和学校大力支持创新创业，而且在学校尝试创业实践相对风险小些。但真的要去创业，他又不知道该从何下手。他听说学校有创新创业指导团，团里的 T2 老师是一个在创业方面很“牛”的人，于是他找到了 T2 老师，向他咨询自己未来该怎么做才能实现创业。T2 老师告诉小 C，不要盲目创业，应该先弄清楚到底什么是创业，以及如何提升自己在校期间的创业能力等。

一、创业的内涵

有人说创业就是创办自己的企业，例如，开家酒店，办家工厂，哪怕是在学校门口开家奶茶店，都是在创业。

有人说开创自己的事业其实也是创业。例如，技术工人在自己的岗位上成就一番事业，成为行业的标杆，是一种创业；屠呦呦教授发现了治疗疟疾的青蒿素，挽救了众多病人，备受世界瞩目，也是一种创业。

综上所述，创业就是创业者对自己拥有的资源或通过努力对能够拥有的资源进行优化整合，从而创造出更大经济或社会价值的过程，其有广义和狭义之分。

本教程中所指的创业是狭义的创业，即创办自己的小微企业。对于在校学生来说，创业则更多是指进行校内创业实践。但从广义上说，其实在工作岗位上成就事业或将创业的精神运用到自己的事业发展中，也是一种创业，这种创业则是各行各业都鼓励的一种精神。

科尔（Cole）把创业定义为，发起、维持和发展以利润为导向的企业的有目的性的行为。

简单地说，创业就是发现商机，创办企业，获得利益，实现价值的过程。

二、创业精神

创业精神是指创业者主观世界中具有的开创性的思想、观念、个性、意志、作风和品质。拥有创业精神的创业者注重机会的把握、创新和增长发展。创业精神既包括个体的创业精神，也包括团队或组织的创业精神，但无论是个体还是团队，都是为了愿景的实现，从而进行创业活动。创业精神是促使新企业形成、发展和成长的原动力。

创业精神通常作用在创业上，是每个人面对未来敢于追求、勇于创新、不断提升的过程，对于每一名学生而言也是未来助力自己立足职场的一项重要品质。

也就是说，如果我们要创业，就必须找到足够的理由来支撑自己做这件事：那可能是我们对这件事情的兴趣和热爱，并愿意为此付出时间和精力，或者想要实现为此设定的目标，从而坚定地执行下去。例如，你想通过实践尝试让别人看到自己创业的信念和对创业成功的渴望，实现经营一家专业美发工作室的目标，这既可以发挥自己的专业技术优势，又可以带给人们专属风格的美发体验。

三、创业动机

角色故事

小C问T2老师："学生创业好像很难成功，我对此很茫然，我该怎么做呢？"

T2老师并没有直接回答，而是给小C讲述了他学长们的故事。

第一位学长叫小江，美术设计专业，从小酷爱美术，学习成绩优秀，对新鲜事物比较好奇。他无意中发现网上有一种叫作香薰石膏的东西，吸引了很多人购买。通过调研，他发现这虽然是一个简单的组合创新，但有很多人对此感兴趣，他便购买了磨具、配料进行实验研究。经过一段时间的摸索和试验，小江做出了第一批样品，样品在尝试投放市场后受到了学生们的欢迎。于是，小江在学校创业孵化基地申请了门面，并不断更新模具样式，以迎合学生们的需求和喜好。现在门面已经开设两年，两年来他带动本专业同学共同参与制作，成为学校创业实践成功案例。

第二位学长叫小通，某高职院校大一学生，入学前曾在某中职学校财经商贸专业学习三年。在中职学校学习期间，他就对创业充满兴趣，并且对市场有很高的敏感性。经过观察，他发现每年到了毕业季，各班都有毕业纪念册的需求，而且还有个性化的设计需求。他经常跟着老师参与学校活动的跟拍记录和无人机拍摄，这让他积累了不少拍摄经验，也知道了租借设备的渠道。他认为自己可以抓住这个商机，于是他找到学校摄影专业的小王同学合作，开设了摄影工作室，专门承接学校毕业生校园生活跟拍及电子画册设计业务，后期还做户外项目、跟拍项目，现在工作室已经粗具规模。小通的创业收入不仅可以负担自己大学期间全部的学费、生活费，还能反过来补贴家用。

T2老师说："学生创业意愿需要自己建立，你也可以找到自己感兴趣的方向先做些探索和研究。"

小C听完很受启发，他发现创业的起点可以是兴趣爱好，可以是专业特长，还可以是发现的商机……

其实尝试创业的理由很多，以下几种较为常见。

1. 证明自己的能力

大家都知道创业有风险，需要更多勇气和能力来应对风险，所以，创业也成了现在很多年轻人直面挑战，证明自己能力的途径。

2. 能够自己做老板

很多人觉得自己受不惯别人的颐指气使，还不如自己做老板，寻求当家做主的自由，哪怕辛苦也是自己的事业。

3. 在自己专业或擅长的技能领域中发现和创造商机

人们通常在自己专业或擅长的技能领域中富有经验，这些经验使人们更容易找到创业的切入点，也更容易从中发现和创造商机。

4. 尝试捕捉商机

有时，人们偶然发现了商机，觉得可以尝试一下，于是通过自己或者团队努力去捕捉商机，如果这个商机涉及的市场需求够大、够持续，那么这种尝试就可能变成长期的创业。

四、创业面临的挑战

创业有很大的吸引力，很多人都觉得创业好，但是自己创业当老板会遇到很多挑战，尤其对于学生而言，需要面临的挑战可能会更多。

1. 学生社会经验不足

由于多数学生缺少社会经验，在市场上的竞争力不足，如果学生在创业过程中盲目乐观，往往会导致创业的挫折和失败，这些挫折和失败会使许多创业学生感到痛苦茫然，甚至使他们创业信心受挫，沮丧消沉。

2. 学生缺乏市场意识及商业管理经验

学生虽然掌握了一定的书本知识，但终究尚未步入社会，缺乏必要的实践能力和经营管理经验。此外，大多数学生对市场营销等缺乏足够的认识，很难一下子胜任创业者的角色。

3. 学生市场运营能力不足

很多学生乐于向投资人谈自己的技术或产品如何领先与独特，却很少涉及这些技术或产品究竟会有多大的市场空间。谈及市场的话题，他们通常只考虑做些促销活动或广告，而对于诸如目标市场定位与营销组合策略等重要内容，则缺少清晰的认识。

4. 学生缺少创业启动资金

多数学生还未进入工作岗位，没有资金积累，创业多依赖家人支持或者吸引投资，而这两点对于很多学生来说是非常困难的。

当然，学生创业还可能面临其他各种各样的挑战，就和成长一样，有很多的问题会接踵出现。

五、如何应对挑战

虽然创业过程中可能面临诸多挑战，但还是有很多人在创业领域取得了成功，挑战其实并不可怕，关键是要了解如何应对创业过程中的这些挑战。

从创业者的角度看，创业的风险主要包括两个方面，一是外部风险，二是内部风险，如图 9-1 所示。

图 9-1　创业的风险

外部风险主要来自经济形势、政策变化、环境影响、竞争对手评估等方面，我们在创业前就应该学习要了解哪些信息，用什么方法收集到这些信息，收集到信息后如何分析运用等。

内部风险主要源于经验不足、盲目乐观，对企业管理缺少认知，缺少市场运营能力，对行业不了解，缺乏行业知识技能，规划不全面，投入过高超过自己承受范围等。

如果我们发现自己对创业缺少认知，那就需要系统学习创业知识，做好创业规划，降低创业的风险。

在校期间，我们可以进行小型的创业实践活动，如销售某些学生们有需求的产品。这样可以将创业知识运用于实践，为今后真正创业奠定基础，提高创业成功率。

六、如何进行创业准备

角色故事

听完 T2 老师的讲解，小 C 没有被创业可能面临的挑战或风险吓倒，依旧保持着浓厚的创业兴趣，但他不清楚现阶段该从何入手，怎么做创业准备。

T2 老师告诉他，其实每一个人自身条件都不同，找项目时切入点也会有差异。

通常来说，创业之前我们要思考以下几个问题：

- 我们有可提供的产品或服务吗？
- 我们的人脉广吗？我们的社交圈子大吗？我们接触的这些人有什么需求吗？他们能变成我们的顾客吗？
- 我们有特别的喜好、专长和资源吗？
- 我们能解决别人的什么问题？有这样问题的人多吗？
- 未来几年有可能有什么样的产品或服务是人们特别需要的？

随着答案的不同，所需要做的创业准备也会有所差异。

实施创业前，一定要充分考虑产品或服务、自身资源与条件、市场需求等诸多方面，从这些方面出发去发掘适合自己的创业项目。

创业因人而异，每个人的创业动机和创业资源存在很大差异，但是正视创业挑战，理性面对，提前准备，管控风险，是每个创业者都应该做的。

请根据自己的实际情况作答，将结果填写在表 9-1 中。

表 9-1　　　　　　　　　创业准备

问题	我的答案
我有可提供的产品或服务吗？	有□　无□（如选“有”，请描述） ________________
我的人脉广吗？我的社交圈子大吗？我接触的这些人有什么需求吗？他们能变成我的顾客吗？	（请描述） ________________
我有特别的喜好、专长和资源吗？	有□　无□（如选“有”，请描述） ________________
我能解决别人的什么问题？有这样问题的人多吗？	（请描述） ________________
未来几年有可能有什么样的产品或服务是人们特别需要的？	（请描述） ________________

1. 常见的创业失败的原因有哪些？

____

____

____

____

2. 除了本教程中提到的内容，创业前还需要做哪些准备？

请回顾本章所学内容，在下面的文本框中写出关键知识点。

什么是创业

创业精神

创业动机

创业挑战

应对挑战

创业准备

第十章　如何做创业调研

在本章中，同学们可以学习到：

- 创业调研的概念和内容。
- 怎样做创业调研。
- 怎样制订自己的创业调研计划。

角色故事

小 C 萌芽的创业之心，让他有点小小的冲动，但他并不知道下一步该做些什么。T2 老师告诉他，应该去做创业调研。但调研什么，怎么调研，利用什么渠道或方式调研呢？

T2 老师对小 C 说："做调研有很多方法，最重要的是获得一手信息，你最好直接到现场观察、了解、收集信息。这需要投入很多时间和精力，并不轻松，你要做好准备。"小 C 问："那通过网络或咨询专家了解到的信息有效吗？"T2 老师说："这属于二手信息，当然二手信息也有一定的辅助作用，但需要你辨识信息的真实性和可靠性。"

一、什么是创业调研

创业调研是指创业者利用科学的方法，系统、客观地收集与创业项目相关的信息。例如，对自己将要组建的创业团队进行研究分析，调研潜在顾客的需求，调研竞争对手的经营情况，调研创业的相关环境，包括行业状况和政策等。可以说，创业调研是一个旨在为创业者寻找适合自己的项目和为企业经营决策提供依据的过程。

如果决心创业，那么，做好创业调研是非常重要的，它可以：

- 帮助我们发现市场机会。
- 帮助我们客观分析自己，找到自身创业的优势和不足。
- 帮助我们进行准确的市场定位，以便更好地满足顾客的需求，增强竞争力。
- 为我们的决策提供客观依据。

在创业的不同阶段，调研内容是有差异的，例如，创业前注重广泛性的调研，创业中的调研则更具针对性。这里主要分析的是创业前的调研。

二、创业调研的内容

创业调研的内容主要包括创业者、顾客、竞争对手和外部环境四个方面，如图 10-1 所示。

图 10-1 创业调研的内容

1. 创业者

对创业者的调研分析主要是针对创业者自己、合伙人或创业核心团队的分析。对此，我们可以从以下 11 个方面进行分析：

- 创新能力，运用知识和理论，在各个领域中不断提供具有价值的新的思想、技能、方法、工具的能力。
- 沟通能力，包括表达能力、倾听能力和设计能力等。
- 决策能力，参与决策活动，进行方案选择的能力。
- 学习能力，将学到的理念、知识、方法和技能转化为自己可用的理念、专业知识和执行力的能力。
- 创业动机，愿意冒各种风险去创办新的企业的理由或原因。
- 专业知识和技能，与某些行业或专业有关的知识和技能。
- 管理知识和技能，运用原理、流程、方法、技术和知识完成管理任务的能力。
- 资金筹集能力，筹集开办和经营企业所需资金的能力。
- 物质资源，创办企业所需的物资，如设备、原材料、交通工具等。
- 人脉资源，创办企业所需的能够帮助解决企业问题的各类人员。
- 家人支持，家人对于自己创办企业的态度和支持程度。

小 C 同学对自己进行了分析，分析结果如图 10-2 所示。

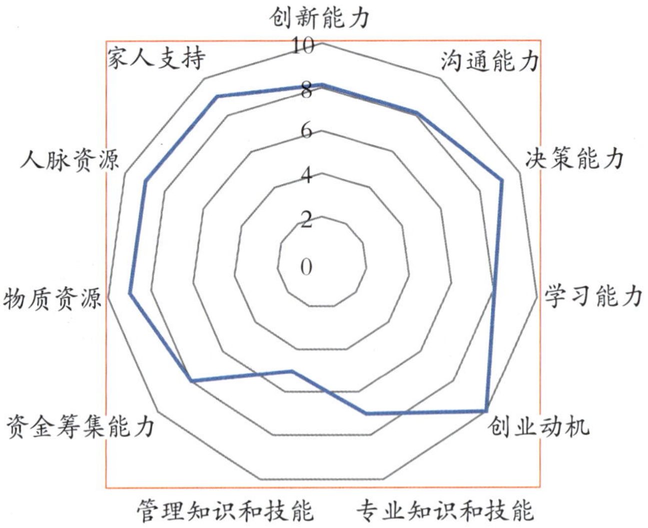

图 10-2　自我测评结果示例

敲黑板

创业者自我评价时，由于角度不同，评价结果会有差异，评价过程既要避免过于乐观，也要避免过于悲观。建议进行至少两次评价，第一次是自我评价，第二次由最了解自己的家人或朋友对自己进行评价。

练一练

完成图 10-3，根据自己的实际情况做出各项评分，初步判断自己在创业方面的资源、条件和能力。

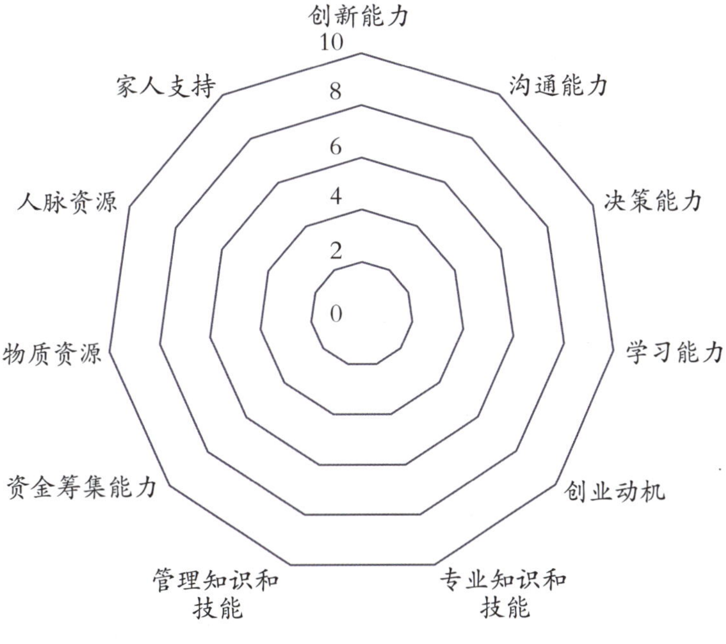

图 10-3　自我测评雷达图

敲黑板

通常情况下，饱含激情、积极主动、适应性强、领导力强和志向远大的创业者能够充满自信，积极地面对失败和挫折，从而克服各种困难，实现自己的目标。

2. 顾客

我们还需要对市场中的顾客进行调研分析。我们的产品是要卖给顾客的，所以在做出创业项目决策前，我们应该认真分析顾客的基本情况。

我们需要清晰地认识到：我们的顾客在哪里，他们是否在一个区域，是否是一个年龄段的人群，他们有什么共性特征等。只有清晰地认识到这些，才能更快、更准确地找到他们。如果我们想了解更多，可以尝试回答以下问题来分析顾客的基本情况。

- 我们的顾客分几类？他们的收入水平如何？
- 我们准备创业地区的顾客最满意的产品或服务是什么？为什么？
- 我们准备创业地区的顾客最不满意的产品或服务是什么？为什么？
- 我们准备创业地区最缺少的产品或服务是什么？
- 我们的顾客生活中有什么困难或问题？
- 我们的顾客愿意付多少钱用于产品或服务（分行业）?
- 我们的顾客平时购买习惯（时间、地点、频次……）是怎样的？
- 我们的顾客人数还会增加吗？
- 我们的顾客的消费能力有持续增长的可能吗？
- 我们的顾客的各项支出中，什么占比最高？占比前三位的分别是什么产品或服务？
- 我们的顾客最愿意在哪些方面消费？

……

我们可以将需要了解的信息收集起来，然后做成调研问卷，以便有针对性地了解顾客的想法。表 10-1 所示为顾客调研表。

表 10-1　　顾客调研表

顾客分类	收入水平	愿意支付水平	购买习惯	消费占比	最满意产品或服务	最不满意产品或服务	顾客的困难	人数增加的可能	消费能力上升的可能

3. 竞争对手

作为创业者，我们只了解顾客的情况是不够的，因为还有一些人也在考虑如何吸引我们的顾客，那就是我们的竞争对手。这意味着，我们认为本应该购买我们产品或服务的顾客，很可能会去购买竞争对手提供的产品或服务。所以，我们还需要了解竞争对手的情况。古人云，知己知彼，方能百战不殆。

一般来说，在调研竞争对手时，我们可以从以下几个方面入手：

- 我们的主要竞争对手有哪几个？
- 他们所处的地理位置怎么样？
- 他们提供的主要产品或服务的特征是什么？
- 他们提供的产品或服务是怎样定价的？
- 他们的产品或服务的销量是多少？
- 他们经常做促销活动吗？是如何做的？
- 顾客对他们提供的产品或服务满意吗？
- 他们的员工怎么样？工作态度好吗？待遇如何？
- 他们的货源在哪里？成本怎样？
- 他们有什么优势？
- 他们有什么不足？

……

做调研前，我们应该设计好针对不同企业的调研内容。

设计好沟通方式和内容，以获得我们需要调研的内容。

做潜在顾客和潜在竞争对手的调研不是件容易的事，人们往往有警惕性，不会轻易提供我们想要的信息，这时我们要动动脑筋，想想如何获得这些信息。

运用前面学到的方法完成表 10-2 所示的竞争对手调研表。

表 10-2　　　　　　　　　　　竞争对手调研表

企业名称	主营产品或服务	对应的定价、销量	优势	不足	排名

4. 外部环境

我们在分析了自己的优势和不足，调研了市场情况之后，会发现还有一些因素会影响我们的创业选择和创业结果，那就是创业的外部环境。我们可以对准备创业地区的自然资源、企业机构、相关政策与发展趋势等做调研分析。

（1）调研准备创业地区的自然资源。我们需要调研准备创业的地区有什么自然环境优势和资源优势，如著名的景点、历史文化遗产、红色教育基地、矿产、特色农产品、民族工艺品、产区特有商品等。我们可以从中找出创业的切入点，如旅游工艺品生产、旅游服务、餐饮服务等。我们需要思考，在这个区域内，我们对什么感兴趣，能发现什么样的创业机会等。

（2）调研准备创业地区的行政机关、事业单位、企业、机构。我们需要调研准备创业的地区有哪些行政机关、事业单位，如派出所、办证大厅等，根据这些单位的业务内容，我们可以发现这些部门的人员及来这些部门办事的人员有什么样的需求，由此产生创业想法。

我们准备创业地区的周边如果有大学、医院，我们会发现学生有多种多样生活、学习方面的需求，到医院就医的病人也有各式各样的需求，这些对我们而言就是各式各样的创业机会。

我们准备创业地区的周边也可能有各种龙头企业、工业园区等，他们的需求同样可能给我们带来大量的创业机会。

角色故事

小C问T2老师："什么是行政单位？什么是事业单位？二者有什么区别？"

T2老师对小C说："行政单位即国家机关，如市政府办公厅、人力资源和社会保障局、教育局、审计局、农业农村局、乡村振兴局等。而事业单位接受政府领导，是表现形式为组织或机构的法人实体。事业单位的明显特征是，以中心、会、所、站、队、院、社、台、宫、馆等字词结尾，一般包括教育事业单位、卫生事业单位、广播电视事业单位、报纸杂志事业单位、新闻出版事业单位等。"

（3）调研相关政策和趋势。作为创业者，我们需要了解国家、省市的相关政策，及时、准确地获取准备创业地区的经济建设、行业发展方向及政策总体导向。这些政策和趋势会对我们的创业活动产生重要影响，我们也可以从中获得创业的灵感。

分析顾客的消费趋势时，除利用线下工具外，还可以利用线上的百度指数、阿里指数、微信指数等大数据分析工具来进行。

1. 调研自己准备创业地区的自然资源，填写表 10-3。表中“创业者倾向”是指基于调研，创业者对各种资源的感兴趣程度及今后将其作为创业项目的可能性。

表 10-3　　调研准备创业地区的自然资源

资源类型	特点（突出优势）	创业者倾向
自然环境（景点、气候等）		
特产（产品或服务）		
其他		

2. 调研自己准备创业地区的行政机关、企事业单位，填入表 10-4 中。

表 10-4　　调研准备创业地区的行政机关、企事业单位

企业、机构	名称	现状	需求	创业者倾向
行政单位				
事业单位				
各类园区				

续表

企业、机构	名称	现状	需求	创业者倾向
龙头企业				
其他				

3. 调研相关政策和趋势，填入表 10-5 中。

表 10-5　　调研相关政策和趋势

类别	政策名称	利好	风险	创业者倾向
国家方向性				
地方方向性				
行业方向性				
其他				

注：相关政策和趋势可以到政府及相关政府部门官方网站查询。

三、怎样进行创业调研

角色故事

小 C 和朋友小 B 谈到做调研的重要性。小 C 告诉小 B，她应该对自己的创新产品做创业调研，如果有市场的话，可以考虑转化成创业项目。但对于调研方法，小 C 说他仍有一些疑惑，于是他们又找到 T2 老师请教。T2 老师为他们讲解了一些调研方法和调研工具。

1. 选择调研方法

常见的调研方法有以下几种。

（1）询问法。询问法就是调查人员通过各种方式向被调查者提问或征求意见来收集市场信息的一种方法。可分为深度访谈、座谈会、问卷调查等方法，其中问卷调查又可分为电话访问、邮寄调查、留置问卷调查、入户访问、街头拦访、移动互联网问卷调查等形式。这种方法适用于各种调研场合。

使用询问法时应注意：

- 要提前设计问题，问题数量不宜过多。
- 问题设计要考虑实用性、必要性。
- 问题设计要考虑受访者的回答能力。
- 询问时的语气、措辞、态度、气氛必须合适。

（2）观察法。观察法是调查人员在调研现场直接或通过仪器观察、记录被调查者行为和表情，以获取信息的一种方法。这种方法适用于各种调研场合。

观察法的实施步骤如图 10-4 所示。

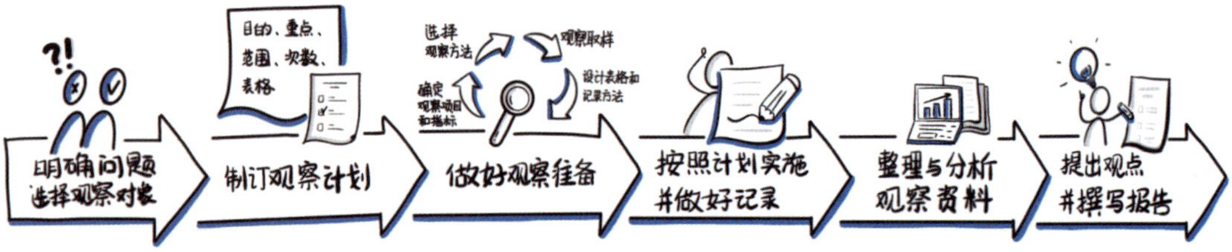

图 10-4　观察法的实施步骤

（3）实验法。实验法是通过实际的、小规模的营销活动来调查关于某一产品或某项营销措施执行效果等市场信息的方法。实验的主要内容有产品的质量、品种、商标、外观、价格、促销方式及销售渠道等。这种方法常用于新产品的试销和展销。

2. 选择调研渠道

（1）线下调研。对于实体店铺的创业项目，很多数据来源于线下调研数据，我们可以根据需求选择合适的方法在准备创业地区进行实地调研。

（2）网络调研。现在网络调研的形式、工具很多，我们可以利用搜索引擎进行搜索，也可以制作线上调查问卷，通过转发实现广泛调研，还可以通过搜索电商平台等进行数据查询。

3. 使用调研工具

实施调研前，我们需要根据自己的需求设计调研时使用的工具，比如：

- 询问法使用的问卷调查表。
- 观察法使用的观察信息设计及统计表。
- 实验法使用的实验过程记录表和实验反馈问题表。

……

表 10-6 所示为询问学生校内创业情况时使用的问卷调查表。

表 10-6　　　　问卷调查表示例

询问对象：在校学生（财经商贸专业）

调研时间：每人 3 分钟

询问方式：一对一

问题	记录
您的每月生活费是多少	每月 1 000 ~ 1 500 元生活费（平均）
您平时愿意花多少钱购物	餐饮 10 元及以下，零食 3 元及以下，日用品和超市价格一致，工艺品 10 元左右，礼品 10 ~ 100 元不等
您习惯在哪里购买且多久购买一次	餐饮：70% 为学校食堂用餐，30% 用于购买速食或其他食品。日用品每月购买，工艺品、礼品约每两月一次 购买地点不区分校内校外，价格合理即可 服装消费不计入生活费，一般不在校内购买，价格几十元到几百元不等
您的生活费消费占比是多少	一日三餐占 65% ~ 70%，生活用品占 5% ~ 10%，其他费用占 20% ~ 30%
校内您最满意的产品是什么	小卖部，品种齐全，价格合理
校内您最不满意的产品是什么	食堂，菜品可以更丰富一些，希望有更多的餐饮店
你觉得有什么需求没有被满足，学校还需要增设什么店铺	校内没有卖工艺品的店铺

当项目比较大，数据获取难度大，数据要求精确度很高时，我们需要请专业机构和人士来做调研，以提高调研的准确性和针对性。

请利用百度指数、阿里指数、微信指数等指数平台，搜索自己感兴趣的关键词，看看是否有启发。

四、做调研计划

做调研计划的目的是确保调研工作能够准时、高效完成。

通常做调研计划包括六个步骤，如图 10-5 所示。

图 10-5 做调研计划的步骤

以学生在校内选择创业项目为例，其调研计划见表 10-7。

表 10-7 调研计划示例

调研范围	范围一：学校		范围二：学校周边
调研对象	老师	学生	已开办企业
调研内容	生活中的问题和工作中的问题	校园生活中有哪里不方便，有什么需求	现有企业类型，经营范围，经营状况，收支、利润状况
调研方法	访问法、观察法	访问法、观察法	访问法、观察法

续表

实施步骤	设计问卷3天，各专业老师填表，面对面调研5天	设计问卷3天，各专业学生（一年级、二年级各抽10人）填表，面对面调研5天	做好观察记录表和调研记录表，调研时间1周
起止时间	9月5—15日	9月5—15日	9月16日—10月26日
调研人员	参与实施调研计划的学生姓名（略）	参与实施调研计划的学生姓名（略）	参与实施调研计划的学生姓名（略）
分析结果	对调研收集到的信息进行客观分析，可以从存在需求情况、现有满足需求的方法和效果、可能存在的机会等方面进行分析（略）		

如果准备在学校创业，那么完成表10-8，设计一份创业调研计划（如果觉得需要填写的内容太多，可以将表格内的要点以文案方式呈现）。

表10-8　　　　我的创业调研计划

调研范围	范围一：学校		范围二：学校周边
调研对象			
调研内容			
调研方法			

续表

实施步骤			
起止时间			
调研人员			
分析结果			

1. 调研有很多方法，应当针对不同问题选择合适的方法。针对某些问题，我们可能需要组合使用多种方法。

2. 第一轮调研后，我们可能会找到我们觉得可行的创业项目，这时候我们应该开始第二轮调研，以便进一步地明确项目的状况和发展前景。

3. 企业开业运转后，为了随时把握市场的变化，我们需要继续做调研。

除了本教程中介绍的内容，再搜索两种以上调研方法，并说明其使用要点。

小结

请回顾本章所学内容，在下面的文本框中写出关键知识点。

什么是创业调研

创业调研的内容

怎样进行创业调研

做调研计划

第十一章　如何形成创业项目

在本章中，同学们可以学习到：

- 与职业院校专业相关的创业类型和常见项目。
- 怎样发掘和捕捉商业机会。
- 怎样产生更多的创业想法。
- 如何确立创业项目。
- 如何提升项目竞争力。

一、确定企业类型

角色故事

小 C 和小 B 在经过前面内容的学习并进行市场调研后，很有信心在学校里尝试低风险的创业实践，但是如何基于自己的创业想法形成最终的创业项目，小 C 和小 B 还是不够清晰。T2 老师告诉小 C 和小 B，可以先看看自己的专业，再研究一下常见的和自己所学专业相关的企业类型。

1. 职业院校学生创业实践常见企业类型

（1）农林牧渔类企业。企业以农业种植（园艺、绿植、药物等）、养殖（各种畜牧类养殖）为主要经营内容。

（2）制造类企业。企业经营内容主要是和学生特长及专业技能相关的产品生产、制造。

（3）批发零售类企业。学生自选商品货源，在校园或校外创业基地进行商品的流通和销售（如传统线下模式、“互联网 +”模式等）。

（4）服务类企业。企业提供各类劳务和其他服务（如美容、美发、美甲、美体、保健、美工、各类设计、摄影等）。

（5）计算机服务及软件类企业。这种企业类型更适合计算机及相关专业学生。企业经营内容包括各种计算机维护、修理服务，以及软件开发、维护等。

（6）运输及仓储类企业。企业经营内容包括货运、物流、专车、开设代理快递点等。

（7）住宿及餐饮类企业。住宿类企业，如宾馆、客栈、民宿（特别是单间民宿）等；餐饮类企业的经营内容包括中西餐、甜品、饮品、小吃、早餐等。

2. 职业院校学生创业实践企业特点

（1）以小规模实践为主。

（2）多数与专业相关或与兴趣相关。

（3）一般投入较少。

（4）低成本、低风险运作。

（5）不以营利为主要目的。

（6）有指导教师做创业技术指导和支持。

3. 职业院校学生选择创业实践企业类型

职业院校学生大多缺乏社会经验，对常见的企业类型缺乏整体认知，但有一定的专业技能水平，所以创业时应从专业出发，结合自身特点，思考并选择适合的企业类型。表 11-1 中列举了职业院校部分专业与企业类型结合后的相关创业项目。

职业院校中专业分类很多，如农林牧渔类、加工制造类、交通运输类、信息技术类、休闲保健类、财经商贸类、文化艺术类等，这些专业也都可以参照表 11-1 进行多种企业类型的结合分析。通过分析，找到更适合自己的创业方向或企业类型。

表 11-1 职业院校部分专业学生创业实践企业经营项目

专业分类	经营项目						
	农林牧渔类企业	制造类企业	批发零售类企业	服务类企业	计算机服务及软件类企业	运输及仓储类企业	住宿及餐饮类企业
农林牧渔类	种植、养殖	农产品加工	农产品销售（传统渠道、电商渠道）	种植、养殖技术服务等		农产品包装、冷链、快运等	农旅结合、农家乐等
加工制造类		小型加工、制造厂，装配厂等	专业器具代理销售等	维修服务、业务代理等	自动化控制设备开发		
交通运输类			配件、设施设备销售	运输设备维修服务，行业人员培训等	智慧交通管理系统	运输服务	
信息技术类			信息技术产品销售	软件开发、软硬件服务	软件开发、软硬件服务		
休闲保健类			行业产品代理	美容院、养生馆、康体中心等			
财经商贸类			各类产品线上、线下销售	代理记账、销售代理、电商服务等	电商平台的相关服务外包	物流	
文化艺术类		文创产品生产等	行业产品销售、耗材代理等	产品设计，影楼，各类工作室、培训机构等	后期加工服务等		

图 11-1 所示为某校机电工程、建筑设计和网络安全三个专业学生所选择的创业方向。

图 11-1　选择创业方向示例

请立足自己的专业，结合所在地区的特点、企业类型等思考自己创业的可能性，填写图 11-2。

图 11-2　创业的可能性练习

二、发掘和捕捉商业机会

角色故事

经过前面内容的学习，小C和小B觉得似乎有好多项目可以做，但他们各自只能挑选一个项目进行创业，那么怎么从中确定自己的创业项目呢？小B首先想到了结合自己所学的市场营销专业确定项目，如找到某种顾客喜欢的产品来销售，或从事服务业为顾客提供优质的服务。小C则认为可以结合自己所学的汽车维修专业，围绕为顾客提供日常汽车保养服务进行创业，并努力做出自己的特色。当然，他对网上的一些热销产品也很感兴趣，他觉得从售卖能激发人们购买欲的热销产品入手，也能带来商业机会。那么，他们应该从哪些方面进一步确认自己所选择的创业项目是否适合呢？

T2老师告诉小C和小B，可以从以下几个方面自检：时机合适吗？学校有哪些支持政策？竞争压力大吗？

确定创业项目时，首先要看这个项目能否带来商业机会，同时，作为创业者，还要考虑自己能否把握住这样的商业机会。

1. 发掘商业机会

（1）什么是商业机会。商业机会就是还未满足的顾客需求，这些需求的存在为创业者提供了相对有利的时机和条件。

例如，当所有人都在实体经济领域激烈竞争的时候，阿里巴巴最先解决了支付安全和诚信保障等问题，抓住机会，建立了比较完善的网络购物平台；创办网络教育平台的创业者们利用互联网具有的超越时间和空间界限进行信息交换的属性，满足了家长和孩子们渴望获得优质教学资源的需求，解决了教学资源不均衡、补课来回路上浪费时间等问题；而最初在城市里开办“密室逃脱”项目的创业者，也是发现并成功迎合了年轻人追求刺激和新鲜感的需求。我们身边新出现的、吸引我们和身边朋友消费的那些产品和服务，都可能是创业者们的商业机会，并有可能将其转化成商品乃至创业项目。

商业机会一般由以下三要素构成，如图 11-3 所示。

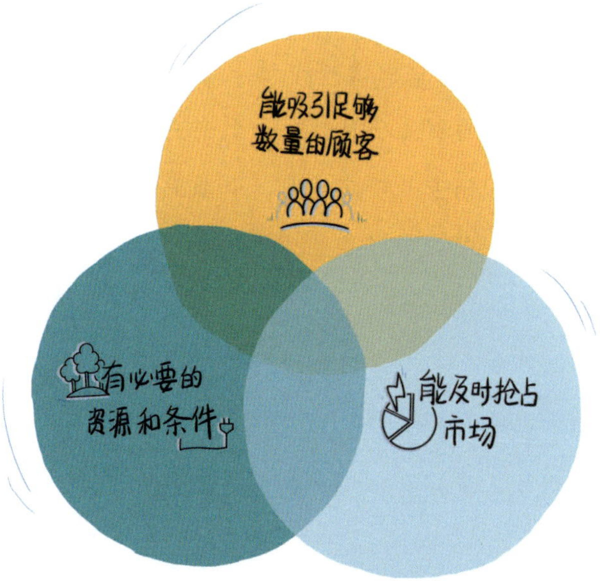

图 11-3　商业机会构成三要素

（2）如何发掘商业机会。一般情况下，发掘商业机会可以从现有需求入手，也可以通过对未来市场的分析预测来实现。我们可以深度挖掘，也可以跨界思考，还可以组合创新。在这一阶段，我们可以充分利用前面创业调研的结果，以及学到的创新思维方法。

1）挖掘现有市场的需求。我们可以从现有的市场需求入手，进一步挖掘隐藏在现有需求背后的未被满足的需求。

例如，手机的功能越来越强大，美容院的服务项目不断更新，同一系列的游戏不断推出新作品……这些例子有个共同的特征，就是企业帮顾客发现了他们的需求。也就是说，在产品未出现时，顾客没有明确意识到自己有这样的需求，而企业挖掘出了顾客潜在的需求，并将其转化为产品或服务。

2）寻找边缘市场机会。市场机会一般分为两种，即行业市场机会和边缘市场机会。行业市场机会是指存在于某一个行业内的市场机会，发现和识别这类机会的难度不大，但竞争激烈。边缘市场机会是指存在于不同行业的交叉点和结合部分的市场机会，这类机会一般难以被发现，想要发现它需要有丰富的想象力和大胆开拓的精神，但一旦发现并抓住这类机会，成功的概率就会比较大。

例如，最早网咖项目的产生就来自网吧和咖啡馆这两类企业的交融结合。

3）对未来市场进行分析预测。即通过对未来市场的研究和预测，发现在未来某个时期可能出现的商业机会。

例如，5G 时代来临后，各类网络商店会制作更多的宣传视频来介绍自己的产品，那么，制作广告视频的公司就会有更多的发展机会。

4）对局部市场进行分析判断。即发掘在一个局部范围或细分市场中存在的未被满足的需求。

例如，在学校内创业，就要从学生、教师入手，寻找能够满足他们需求的产品或服务。

5）关注政策环境。创业者在挖掘创业机会时，还应该关注从国家到地方、从行业到社区的相关政策和要求。作为职业院校的创业者，可以重点关注以下几个方面的政策：

- 学校创业扶持政策。
- 人力资源和社会保障系统创业扶持政策。
- 教育部门相关创业扶持政策。
- 科技创业方面的扶持政策。
- 青年创业扶持政策。
- 其他领域的创业扶持政策。

2. 捕捉商业机会

发现商业机会后，我们需要进一步考虑自己的能力是否足以让我们把握住这个机会，同时还必须考虑竞争对手可能对我们产生的影响。

我们需要按照以下三个步骤来评价自己捕捉商业机会的能力。

（1）评价自己把握商业机会的能力。

- 个人能力。

● 技术技能。

● 资源、资金、物质条件、平台等。

（2）思考竞争对手对我们的影响。

● 我们的顾客是谁？

● 谁在和我们竞争？

● 在竞争中我们的商业机会有多大？

（3）找到我们的核心弱点并设计解决方案。

基于前两步分析，找到我们捕捉商业机会的核心弱点并考虑如何弥补，是改进、补充还是找人合作，并制定具体、可行、合理的解决方案。

三、产生创业想法

1. 基本原则

（1）创业想法在校园或创业实践区域内应该能够满足顾客需求。

（2）创业想法和我们的技能特长、资源及专业等方面能够匹配。

2. 基本方法

我们可以运用以下三种方法产生创业想法，然后将产生的创业想法全部记录下来。

（1）运用头脑风暴法、SCAMPER 分析法等一系列创新方法产生创业想法。

（2）调查身边顾客（同学、老师、创业地区居民和单位）的需求（参照第十章创业调研的内容）。

（3）调查周边已有的创业项目，分析它们的优势和不足。

3. 基本过程

首先，通过产生创业想法的基本方法初步形成一些创业想法，找到合适的企业类型，并评价每种想法的商业价值，全面分析这些想法形成的理由。然后，形成自己的创业项目一览表，为确立自己的创业项目做准备。

基于对各种创业想法的分析，优选出 2~5 种更具可行性的创业想法，再次进行评价。

尝试产生自己的创业想法，完成表 11-2。

表 11-2　　　　　职业院校学生创业项目一览表

创业想法	企业类型	此想法形成的理由

四、确立创业项目

角色故事

小 B 和小 C 几番研究分析后终于找到了几个自认为“靠谱”的项目。

小 B 认为自己可以考虑做两个项目：一个是“水吧”，由于在校生对特色饮品如奶茶、果茶等情有独钟，她可以开设一家“校园温情水吧”，运用自己的创新能力开发更多独特的饮品以满足在校生的需求；另一个是网上礼品销售，她发现在校生喜欢在网络上订购具有特色的商品或礼品来送给亲朋好友或者自己留用，于是打算开设一家专门销售特色商品或礼品的网店。

小 C 认为自己同样可以考虑做两个项目：第一个项目是可以与他所学专业相结合的特色汽车保养维护或汽车清洗维护；第二个项目是制作和销售香薰石膏摆件，近期香薰石膏摆件在在校生群体中很流行，他可以开设一家“校园香薰石膏手作工坊”，开发并制作更多样式的香薰石膏摆件销售给在校生。

他们觉得目前这几个项目似乎都没有太多的竞争对手，而且学校鼓励学生创业实践，还制定了很好的创业支持政策，正是实现创业想法的好时机。但是，他们两人都有两个项目供选择，要用什么方法来确立自己要做的项目呢？

1. 填写创业项目分析一览表

我们可以通过填写创业项目分析一览表来筛选创业项目。在这个过程中，我们需要进一步分析每个项目的优势和不足，同时有针对性地进行再一次的创业调研，如果上一次的创业调研结果很清晰、很详细，也可以直接利用上一次的调研结果进行分析。分析完成后，填写创业项目分析一览表，见表 11-3。

表 11-3　　创业项目分析一览表

创业想法	企业类型	预计选址	预计投资	优势	不足

2. 使用 SWOT 分析法

SWOT 分析法是指基于内、外部竞争环境和竞争条件的态势分析，将与研究对象密切相关的各种主要内部优势、劣势和外部机会、威胁等通过调查列举出来，然后将各种因素相互匹配起来加以分析，从中得出一系列决策性结论的方法。

运用这种方法，我们可以对创业项目进行全面、系统、准确的研究，从而根据分析结果进行创业项目的筛选，并制订相应的决策和计划。

SWOT 分析法的分析模型如图 11-4 所示。

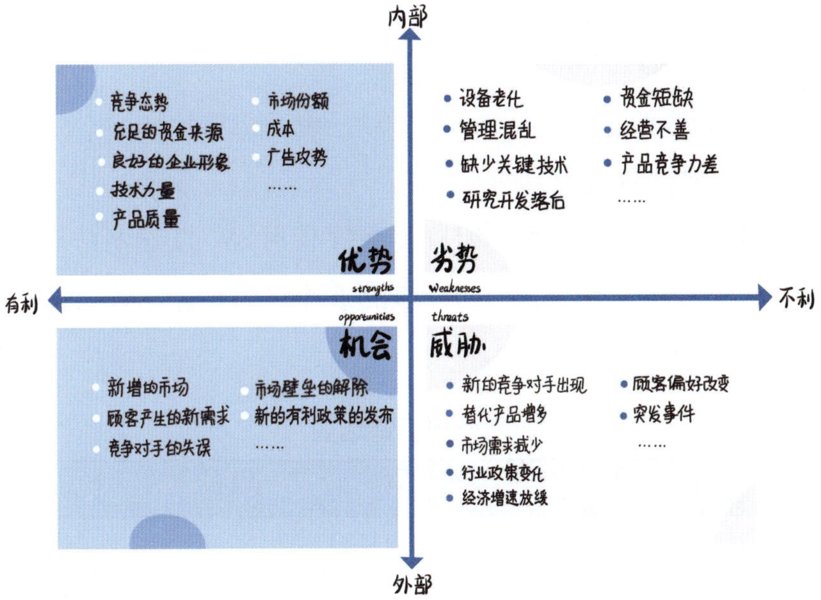

图 11-4 SWOT 分析模型

优势（strengths），具体包括有利的竞争态势、充足的资金来源、良好的企业形象、技术力量、产品质量、市场份额、成本、广告攻势等，属于企业内部因素。

劣势（weaknesses），具体包括设备老化、管理混乱、缺少关键技术、研究开发落后、资金短缺、经营不善、产品竞争力差等，属于企业内部因素。

机会（opportunities），具体包括新增的市场、顾客产生的新需求、竞争对手的失误、市场壁垒的解除、新的有利政策的发布等，属于企业外部因素。

威胁（threats），具体包括新的竞争对手出现、替代产品增多、市场需求减少、行业政策变化、经济增速放缓、顾客偏好改变、突发事件等，属于企业外部因素。

SWOT 分析法的优点在于考虑问题全面，是一种系统思维，而且可以把对问题的“诊断”和“开处方”紧密结合在一起，条理清楚，便于检验。

进行 SWOT 分析时，应将调查得出的各种因素根据轻重缓急或影响程度等分别进行排序，以构造 SWOT 矩阵。在此过程中，将那些对企业发展有直接、重要、迫切、深远影响的因素排列在前面，而将那些对企业发展有间接、次要、不急、短暂影响的因素排列在后面。

进行 SWOT 分析时，必须全面客观，必须区分企业的现状与前景，必须与竞争对手进行比较，找出最具优势和机会的项目。

进行 SWOT 分析时，应力求简洁，避免复杂化与过度分析。

3. 填写创业项目筛选表

创业项目筛选是一个综合评价的过程，除了使用 SWOT 分析法进行筛选以外，还可以使用创业项目筛选表来筛选。该表通过多个评估要素，设置相应的分值来对创业项目进行分析评价，见表 11-4。

表 11-4　　创业项目筛选表

评估要素	创业项目一评分	创业项目二评分	创业项目三评分
顾客需求度（20 分）			
竞争激烈程度（20 分）			
自己的优势（20 分）			
销售预期（15 分）			
利润增长空间（20 分）			
风险评估（5 分）			
总分			

填写表 11-3 时应结合市场调研，对感兴趣的几个创业项目进行评估，其中每个评估要素所列的分值由创业者综合多方面要素自行估计并横向比较得出。创业者可以计算各项目的总分并进行排序以筛选创业项目。

创业因人而异，进行 SWOT 分析可以使我们的创业思路更加清晰，但无法保证绝对准确。

在一张 A4 纸上画出 SWOT 的布局，并对自己的创业项目进行 SWOT 分析。

五、提升项目竞争力

面对筛选出的创业项目，我们要考虑自己的能力是否足够。如果不足，可以从提升自己的项目竞争力入手，让自己的创业准备更加深入。例如，我们可以进一步研究顾客需求的变化，以及竞争对手的竞争策略，并及时调整自己的决策。既要充分发挥自己的强项，又要及时弥补自身的关键短板。

小结

请回顾本章所学内容，在下面的文本框中写出关键知识点。

确定企业类型

发掘和捕捉商业机会

产生创业想法

确立创业项目

提升项目竞争力

第十二章　提供什么样的产品

在本章中，同学们可以学习到：

- 如何思考自己要提供的产品。
- 如何优化自己的产品。
- 如何确定自己的最终产品。
- 如何制订自己的市场营销计划。

一、选择产品

角色故事

小B和小C在学习了上一章课程后，经过一番调研、分析、筛选，最终确立了自己的创业项目。小B选择了“校园温情水吧”，小C则选择了“校园香薰石膏手作工坊”。

确立创业项目后，小C在考虑制作什么样的香薰石膏才会具有吸引力，学生们会喜欢什么样的产品。小B则在考虑她的水吧里究竟提供什么样的饮品才可以吸引人购买，如何设计和制作也是一个问题。

小C和小B问T2老师：“我们的创业项目基本定了，但什么样的产品才能让大家更喜欢呢?”T2老师告诉小C和小B：“产品的定位确实很重要，如果产品没有好的定位就有可能缺少竞争力，顾客就不会购买，你创业失败的可能性就会非常大。

你们可以从几个方面去思考这个问题。”

作为创业者，我们需要认真回答以下问题：

- 我们要卖的是什么？
- 我们打算卖给谁？
- 我们的产品可以为顾客带来什么好处？能够解决顾客哪些方面的问题？
- 我们如何获得这种产品？

经过前期调研，不管是从自身优势、资源和条件角度分析，还是从顾客、竞争对手角度分析，或是从创业环境角度分析，我们都可以从中发现不少商业机会。这时，我们会初步产生“我要卖点啥”的思考，但这种产品是否会被市场认可呢？

这时，我们就应该对自己的产品进行分析，常见的分析维度有：

- 我们提供的产品是什么？
- 是我们准备创业地区的顾客需要的吗？
- 有竞争对手在卖这种产品吗？
- 我们的产品有什么亮点可以让顾客更喜欢？
- 针对这一行业，顾客的购买力如何？
- 我们的产品会不会很快被竞争对手复制？
- 对于这种产品，我们有货源或技术吗？
- 我们预计这种产品的销量、利润如何？
- 这种产品前景预期如何？

这一系列问题，可以帮助我们对自己的产品进行系统思考，我们要对我们提供的每一种产品都做类似的考虑，以便提供给顾客满意且有市场竞争力的产品。

服务是一种特殊的产品。例如，干洗店提供的是衣服的干洗服务，美发店提供的则是剪发、烫发、染发等服务。

填写表 12-1，完成自己的产品分析表。

表 12-1　　　　　　　产品分析表

问题	解答（详细描述）	自我分析	第三方分析
1. 我提供的产品是什么？			
2. 这些产品是我准备创业地区的顾客需要的吗？			
3. 有竞争对手在卖这种产品吗？			
4. 我的产品有什么亮点可以让顾客更喜欢？			
5. 针对这一行业，顾客的购买力如何？			
6. 我的产品会不会很快被竞争对手复制？			
7. 对于这种产品，我有货源或技术吗？			
8. 我预计这种产品的销量、利润如何？			
9. 这种产品前景预期如何？			

完成产品分析表，只是完成了对一种产品的分析，如果有多种产品难以抉择，可以分别填写几个表格进行分析。

二、优化产品

找到适合自己的产品后，为了让产品更有竞争力，我们需要思考以下几个方面的问题：

- 我们能否让这种产品变得更好？
- 我们能否让现有产品有更多的附加价值？
- 我们是否考虑过将多种产品或服务整合起来？
- 我们了解如何设置自己产品的分类吗？
- 我们考虑过将付出哪些成本吗？

思考过程中，我们可以充分运用前面学过的创新思维方法和工具，以便获得更好的方案，提高产品的市场竞争力。

填写表 12-2，完成自己的产品优化。

表 12-2　　　　产品优化表

产品名称	原有想法	调整想法	新增价值	增加成本	决策

三、确定最终产品

角色故事

小 B 和小 C 在学习产品分析的方法之后，设计并优化了他们的水吧饮品和香薰石膏产品。现在他们需要结合所学知识重新对他们的产品进行描述。T2 老师建议他们撰写一份产品说明，这样可以让他们对自己的产品有更加准确、清晰的认知，从而确定自己的最终产品。

产品优化后，需要对产品做详细的说明，以确定最终产品。通常产品包含核心产品、形式产品和附加产品三个层次。各个层次产品的确定步骤如下：

核心产品是指向顾客提供的产品的基本效用或使用价值。例如，顾客购买洗衣机是为了洗衣方便、快捷、干净，顾客到影院消费是为了获得最佳的视听感受等。

形式产品是指核心产品借以实现的形式，通常由品质、式样、特征、商标及包装五个方面构成。例如，人们购买的生日蛋糕都会配有精美的包装。

附加产品是指顾客购买产品时附带获得的各种利益的总和，包括产品说明书、产品质保书、安装服务、维修服务、送货服务、技术培训等。

1. 确定核心产品

第一，关注顾客对产品的核心需求。

第二，思考针对顾客的核心需求，竞争对手的产品是如何设计的。

第三，思考自己的产品设计是如何满足顾客核心需求的。

2. 确定形式产品

第一，根据顾客的需求分析自己的产品，主要从产品的质量、功能、款式（样式）、包装、品牌等方面分析。

第二，分析竞争对手产品的质量、功能、款式（样式）、包装、品牌等。

第三，再次思考自己的产品在形式产品方面的定位。

3. 确定附加产品

第一，分析顾客是否有其他潜在期望，是否有其他服务需求。

第二，分析竞争对手是否提供了产品的增值服务。

第三，思考自己能够提供什么产品附加服务。

以下以角色故事中小 C 选择的香薰石膏产品为例，其产品构成分析见表 12-3。

表 12-3　　产品构成分析表（以香薰石膏产品为例）

产品名称：香薰石膏产品

产品构成		说明
核心产品	顾客核心需求	特色，流行
	竞争对手产品	相对传统，缺少更新
	我的产品描述	流行，新奇，有香味
形式产品	质量	小巧，结实，不易碎
	功能	有香味，摆件，礼品
	款式	新颖，研究网红产品的款式
	包装	可根据需要提供礼品包装
	品牌	无（DIY 产品）
	其他	无
	顾客关注	美观，新奇，结实，有特色
	竞争对手产品	有流行要素，但制作效果一般
	我的产品	具有当下流行商品的香薰石膏摆件，如品牌球鞋、卡通人物、网红人物等
附加产品	售后服务	如有质量问题 7 天内更换
	增值服务	可以定制
	顾客期望	结实，发现问题能及时处理
	竞争对手提供	部分有更换服务，大部分无附加服务
	我能提供	如有质量问题 7 天内更换，加微信可以定制

填写表 12-4，描述自己的最终产品。

表 12-4　　产品构成分析表

产品名称：________________

产品构成		说明			
		产品 1	产品 2	产品 3	产品 4
核心产品	顾客核心需求				
	竞争对手产品				
	我的产品描述				
形式产品	质量				
	功能				
	款式				
	包装				
	品牌				
	其他				
	顾客关注				
	竞争对手产品				
	我的产品				
附加产品	售后服务				
	增值服务				
	顾客期望				
	其他				
	竞争对手提供				
	我能提供				

产品说明：

____

____

____

____

____

____

____

____

____

____

四、制订市场营销计划

角色故事

小 B 和小 C 的创业项目虽然已经确定了，但对于如何才能更好地吸引顾客的注意，如何做好产品组合并制定适当的价格，如何选择合适的经营地点和分销渠道，如何进行促销设计等，他们觉得自己还不是很清晰。所以，他们都希望 T2 老师给予更多的指导。

市场营销是以市场为导向，在满足顾客需求的同时，实现企业盈利的经营策略。制订市场营销计划，一般从市场营销的产品、价格、地点、促销四个基本策略的组合入手，简称“4P 组合”，如图 12-1 所示。

1. 产品

产品是指对将出售的产品的全面定位，主要包括产品的品牌、包装、规格、效用、质量，以及售后服务等。

这部分内容在前面做过详细分析，我们需要结合自己的创业项目，完善产品策略，如引流产品和利润产品的选择，产品组合的设计等。

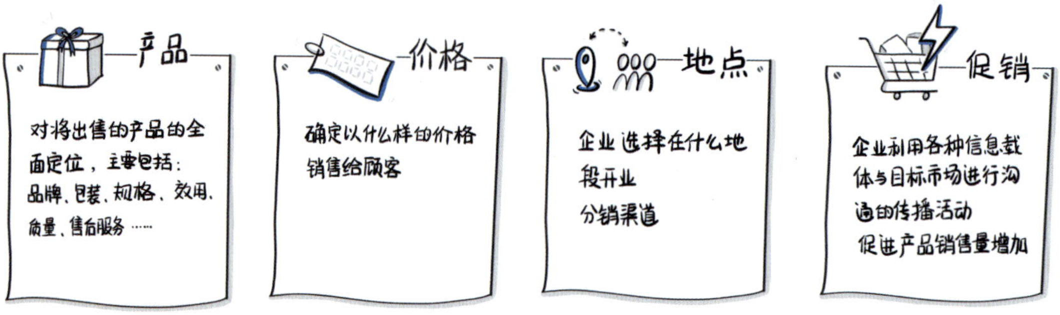

图 12-1　市场营销组合策略

2. 价格

在确定产品之后，我们需要确定产品以什么样的价格卖给顾客。

制定价格时，通常需要从以下几个方面考虑。

（1）竞争对手的定价。

（2）我们产品的成本。

（3）我们制定的价格是否让顾客有购买意愿。

制定价格时，除考虑上述因素外，还需要考虑企业的价格策略。例如，是想通过低价吸引顾客，快速进入市场，还是想通过高品质、高价位吸引高端顾客群体。我们需要综合考虑以上因素，针对不同的产品制定出相应的价格。

例如，不同奶茶铺对一杯普通奶茶的定价差可以达到 2~3 倍，这就与产品特性、产品的成本构成、企业的促销策略、企业的定位等息息相关。

3. 地点

地点一般有两层含义：一是企业选择在什么地段开业，如果是互联网创业，也可以指所选择的网络销售平台；二是分销渠道，主要考虑产品通过什么样的分销方式或销售渠道销售给顾客。

（1）地段选择。影响地段选择的因素有企业类型、顾客群体、成本、交通便利性等。

从企业类型看，零售类、服务类企业需要选择客流量大、人群聚集的地段，如商业街、社区、校园内或周边等；制造类企业需要有足够的场地、临近原材料产地和便利的交通条件；农林牧渔类企业需要有对应的自然环境条件以及相对便利的交通条件。

从顾客群体看，产品定位、定价策略可以有高端、中端、低端之分，我们需要思考我们的顾客群体在哪里，这决定了我们准备把自己的企业开在哪里，特别是贸易类、服务类企业受此影响尤其明显。

（2）分销渠道。常见的分销渠道有直销、零售、批发等。

直销是指把产品直接卖给使用该产品的顾客。很多日用品和保健品分销采用的就是人员推销的直销方式。

零售是指把产品卖给店铺，再由他们把产品卖给使用该产品的顾客。超市大多属于零售企业。

批发是指把产品先卖给批发商，然后再由批发商卖给零售商，最后由零售商把产品卖给使用该产品的顾客。很多生产企业以批发的方式进行分销，如今很多企业也会采用批发、零售相结合的方式。

选择分销渠道与企业的产量、企业与顾客的亲密度、企业的规模和运营模式的定位都有关系，如今基于互联网的分销渠道也为企业提供了新的选择。

4. 促销

促销是指企业利用各种信息载体与目标市场进行沟通的传播活动，也就是用什么方式让大家知晓自己的企业或产品，以促进产品销售量的增加。促销通常有以下四种方式，我们可以根据需要选择某种方式或组合多种方式。

（1）广告宣传。即向市场提供信息，宣传产品，吸引顾客产生购买兴趣。常见的广告宣传形式有视频、宣传画、广告单、名片等。

（2）营业推广。即利用各种活动和优惠刺激顾客购买产品。常见形式有赠送、折扣、现场演示、会议促销、抽奖促销、包装促销等。

（3）公共关系。即利用公共关系活动或通过第三方对产品进行宣传，并展示品牌形象，如开展公益活动、赞助活动等。

（4）人员推销。即对顾客直接推销，促使其购买产品。人员推销方式很多，如上门推销、柜台推销、店内销售服务等。

市场营销计划是指明创业发展方向及创业经营的关键，能够帮助企业提高自身的市场竞争力。

结合前面的讲述，请围绕目标顾客，同时考虑竞争对手的情况，利用 4P 市场营销策略制订市场营销计划，尝试完成表 12-5，并在教师指导下进行分析和改进。

表 12-5　　　　我的市场营销计划

产品	
价格	
地点	
促销	

1. 4C 策略与 4P 策略的区别。

2. 搜一搜现在市场上与自己所学专业相关的产品或服务。

小结

请回顾本章所学内容，在下面的文本框中写出关键知识点。

选择产品

优化产品

确定最终产品

制订市场营销计划

第十三章　如何组建创业团队

在本章中，同学们可以学习到：

- 什么是创业团队。
- 团队组建的注意事项。

一、什么是创业团队

角色故事

小C已经确认了自己的项目，他现在担忧的是自己能不能做下来，是一个人干还是找人一起干，如果一起干，找多少人合适。如果和专业结合的话，虽然很多同学都能加入进来，但又如何进行管理呢？于是，小C又来找T2老师咨询。T2老师带着他看了学生创业孵化基地里的许多项目，有同专业同学合作的摄影社，有多名同学一起做的“多肉”花店，有几名同学跨专业开设的设计工作室，有专业系部学生共同打理的超市，有美容室、美甲店、养生按摩店……

创业团队多由一群技能互补、责任共担、愿为共同的创业目标而奋斗的人组成。

由职业院校学生组成的创业团队，其项目大多和专业结合，所以团队构成有单人、多人或者集体多种情况，团队成员共同开发、共同经营、责任共担、利润共享。

1. 创业团队的基本构成

创业团队一般由初始创建者、核心员工和顾问等构成。

初始创建者往往有共同的创业意愿，共同的专业背景或专业互补，具备一定的领导力、创业经历、行业经验、社会资源等。

核心员工应有一定的管理能力，大多专业能力较强，专业覆盖面较广等。

顾问多为创业指导教师、行业专家、投资者和贷款方、创业咨询师等。

职业院校的学生创业团队构成大多表现为以下形式。

（1）由学校专业系部牵头，有意愿的同学参与，部分同学牵头管理。

（2）从专业特色出发，由同专业技能水平较高的同学结队。

（3）跨专业学生利用各自专业特长结队。

（4）以班级为单位、以寝室为单位、以社团为单位等。

（5）其他形式，如为参与创新创业大赛组建的竞赛型创业团队等。

2. 学生创业团队的特点

团队成员共同投资、共同管理、共担风险、共享利润，每名同学既是管理者又是员工，以获取经营利润为辅，而以收获经营体悟、进行创业实践、得到行业体验为主。

二、团队组建的注意事项

角色故事

小C担心创业团队会存在不稳定、合作不佳等问题，于是他问T2老师：“几个一起创业的职业院校学生能算创业团队吗？如果也算创业团队，那么我们要怎么分工才好？”

T2老师告诉他，职业院校学生组建的从事创业活动的团队也属于创业团队，但有的创业团队是以体验创业实践为目的的，还有一些创业团队则是以实现明确创业目标和愿景为目的的。职业院校学生创业经常以团队的形式出现，对于创业团队初始创建者的领导力要求还是比较高的，而如何做好团队成员的定岗定员，是学生创业团队组建前必须思考的问题。

定岗定员步骤如下：

● 分析创业实践项目规模和需要。

● 明确企业经营定位是以岗位实践为核心，还是以技能训练为核心，或是以创业体验为核心。

● 根据创业项目经营流程和学生实践需要确定岗位名称。

● 根据岗位名称制定岗位工作内容。

● 根据岗位工作内容确定岗位员工。

● 根据工作内容确定每个岗位员工人数。

● 制定岗位工资或补贴标准。

以校园香薰石膏手作工坊为例，手作工坊各岗位责任及分工见表 13-1。

表 13-1　　手作工坊各岗位责任及分工表

岗位名称	岗位职责 / 工作内容	岗位人数	人员名单	人均补贴标准 / 元
经理	做规划、管理运营	1 人	略	300
市场运营	项目宣传、产品售卖	1 人	略	300
财务	记账、报账，收支管理	会计 1 人，出纳由经理兼职	略	100
产品设计开发	产品创意、新产品开发、新产品调研	由经理兼职	略	—
采购	材料采买、报账	由经理兼职	略	—
制作人员	手作生产加工	10 人	略	不领工资，参与分红（年利润 50%）

一般来说，制作人员补贴可以选用两种方案：一是领取计件工资；二是不领工资，年末按企业利润的一定比例分红。该示例中的制作人员选择的就是后者。

制定团队岗位责任及分工表，完成表 13-2。

表 13-2　　岗位责任及分工表

岗位名称	岗位职责 / 工作内容	岗位人数	人员分布	人均补贴标准 / 元

组建团队时我们还应该考虑人员的优势互补、人员成本（校内实践可以忽略）、各专业之间的配合、学生实践轮岗、人员之间的信任、企业的愿景、如何解决团队的矛盾等。

1. 如何制定合伙协议？

2. 团队合作失败的常见原因有哪些？

请回顾本章所学内容，在下面的文本框中写出关键知识点。

什么是创业团队

团队组建的注意事项

第十四章　如何做好财务规划

在本章中，同学们可以学习到：

- 如何预算启动资金。
- 职业院校学生常见的启动资金来源有哪些。
- 如何预测成本。
- 如何估算利润。

角色故事

眼看自己的创业项目就要基本思考成型了，小C又想起两件重要的事：一是他不清楚做这个创业项目应该投入多少钱；二是这个项目做下来能不能赚钱，如果能，那么能赚多少钱。

T2老师表扬他："有这样的思考是对的，在开业前，你必须仔细做自己企业的财务规划，以便对所需的资金和未来的盈利有更清晰的判断。"

一、预算启动资金

1. 什么是启动资金

启动资金是指创业者进行创业时前期投入的资金，是支付企业开办前各项前期开支所需的资金。

2. 启动资金的内容

启动资金包括采购设施器具和货品、店面装修等方面的资金，也包括创业者为提高自己的创业能力参与培训的费用，店铺租赁、店面展示商品所需资金，以及数量不等的流动资金。

在此以校园香薰石膏手作工坊为例介绍其启动资金预算过程，见表 14-1。

表 14-1　　　　校园香薰石膏手作工坊启动资金预算表

<table>
<tr><th colspan="2">项目</th><th>说明</th><th>预计金额 / 元</th></tr>
<tr><td rowspan="3">固定资产</td><td rowspan="2">设施器具</td><td>定制工作桌一张，购买椅子 10 把</td><td>1 000</td></tr>
<tr><td>购置模具一批</td><td>200</td></tr>
<tr><td>电子设备</td><td>无</td><td>0</td></tr>
<tr><td rowspan="3">开办费</td><td>开办前调研费</td><td>网上调研（免费）</td><td>0</td></tr>
<tr><td>证照费</td><td>免费</td><td>0</td></tr>
<tr><td>培训费等</td><td>请学校教师免费培训</td><td>0</td></tr>
<tr><td rowspan="2">其他投资</td><td>装修费</td><td>教室已经装修好</td><td>0</td></tr>
<tr><td>转让费</td><td>无</td><td>0</td></tr>
<tr><td rowspan="6">日常支出（至少预计 3 个月）</td><td>原材料或商品</td><td>石膏、胶、精油、颜料、包装（1 000 元 / 月）</td><td>3 000</td></tr>
<tr><td>房租</td><td>学校创业街门面 100 元 / 月</td><td>300</td></tr>
<tr><td>工资</td><td>经理和市场运营 300 元 /（月・人），共 2 人；会计 100 元 /（月・人），共 1 人</td><td>2 100</td></tr>
<tr><td>促销</td><td>暂无</td><td>—</td></tr>
<tr><td>水、电、电话费</td><td>学校免费提供</td><td>—</td></tr>
<tr><td>其他费用</td><td>无</td><td>0</td></tr>
<tr><td colspan="4">预计启动资金：6 600 元</td></tr>
</table>

表 14-1 中，固定资产、开办费、其他投资属于前期一次性投入，若非特殊情况，创业前两年只需要考虑进行一次这类投资。

日常支出则是指一个创业项目每个月的正常开销，一般在开业的前几个月，创业项目往往收不抵支，若手上没有足够的运转资金，最终很可能会面临停业或倒闭的风险。所以，在预算启动资金时，应该预计至少 3 个月的日常支出费用。有时，根据所选择行业、地域的不同，我们可能需要计算更长时间的日常支出。

3. 启动资金运营注意事项

职业院校学生进行创业实践时，资金往往有限，所以资金的预算应该努力把握全面、精准、适度、够用的原则，控制好各项开支。

4. 启动资金来源

一是自筹资金，包括自己的储蓄、勤工俭学的收入或者向亲属朋友借的资金。

二是社会投资，对于职业院校学生来说，可以是学校的创业基金、企业对项目的投资以及项目得到的专业机构的投资等。

三是社会筹资，如通过提供高价值的固定抵押物，向银行等金融机构贷款等。

完成表 14-2，预算一下自己的启动资金。

表 14-2　启动资金预算表

项目		说明	预计金额 / 元
固定资产	设施器具		
	电子设备		
开办费	开办前调研费		
	证照费		
	培训费等		
其他投资	装修费		
	转让费		

续表

<table>
<tr><th colspan="2">项目</th><th>说明</th><th>预计金额 / 元</th></tr>
<tr><td rowspan="6">日常支出（至少预计3个月）</td><td>原材料或商品</td><td></td><td></td></tr>
<tr><td>房租</td><td></td><td></td></tr>
<tr><td>工资</td><td></td><td></td></tr>
<tr><td>促销</td><td></td><td></td></tr>
<tr><td>水、电、电话费</td><td></td><td></td></tr>
<tr><td>其他费用</td><td></td><td></td></tr>
<tr><td colspan="4">预计启动资金：______元</td></tr>
</table>

请结合自己的资金来源，填写表 14-3，看看有多少钱可以利用。

表 14-3　　启动资金来源

<table>
<tr><th>资金来源</th><th>筹资性质
（资助、借贷或其他）</th><th>金额 / 元</th><th>注意事项</th></tr>
<tr><td></td><td></td><td></td><td></td></tr>
<tr><td></td><td></td><td></td><td></td></tr>
<tr><td></td><td></td><td></td><td></td></tr>
<tr><td></td><td></td><td></td><td></td></tr>
<tr><td colspan="4">总计所得资金：______元</td></tr>
</table>

二、预测成本

在此以校园香薰石膏手作工坊为例介绍成本预测的过程，见表 14-4。

表 14-4　　校园香薰石膏手作工坊成本预测表

<table>
<tr><th>项目</th><th>描述</th><th>平均每月成本 / 元</th><th>年成本 / 元</th><th>备注</th></tr>
<tr><td rowspan="7">固定成本</td><td>工资</td><td>700</td><td>5 600</td><td>8 个月，假期除外</td></tr>
<tr><td>房租</td><td>100</td><td>800</td><td>8 个月，假期除外</td></tr>
<tr><td>促销</td><td>0</td><td>0</td><td></td></tr>
<tr><td rowspan="2">折旧与摊销</td><td>28</td><td rowspan="2">540</td><td>桌椅折旧期 3 年</td></tr>
<tr><td>17</td><td>模具折旧期 1 年</td></tr>
<tr><td>水、电、电话费</td><td>0</td><td>0</td><td></td></tr>
<tr><td>其他</td><td>0</td><td>0</td><td></td></tr>
<tr><td>可变成本</td><td>原材料或商品</td><td>1 000（香薰石膏的原材料及包装）</td><td>8 000</td><td>每件产品的原材料及包装成本 5 元，按每月生产 200 件计算，年生产 8 个月，假期不生产</td></tr>
<tr><td>总计</td><td></td><td>1 845</td><td>14 940</td><td></td></tr>
</table>

校园香薰石膏手作工坊经过市场调查分析，预估每月的销量最低为 200 个。

这里的数据主要来源于表 14-1 启动资金预算表，其中折旧（折旧是指固定资产在使用过程中逐渐损耗而转移到商品或费用中去的那部分价值）与摊销（摊销是指对除固定资产之外，其他可以长期使用的经营性资产按照其使用年限每年分摊购置成本的处理办法）是将固定资产、开办费和其他投资按照预计使用年限折算后计入成本的。原材料成本按照制作每件香薰石膏产品的所有原材料及包装的成本加在一起核算，每件产品的原材料及包装成本为 5 元。

综合核算后，每件产品的成本 = 总成本 ÷ 产品数量，即预估每件香薰石膏产品的成本为 14 940 元 ÷8 个月 ÷200 件≈ 9.34 元 / 件。

完成表 14-5，预测自己的创业成本。

表 14-5　　　　创业成本预测

项目	描述	平均每月成本 / 元	年成本 / 元	备注
固定成本	工资			
	房租			
	促销			
	折旧摊销			
	水、电、电话费			
	其他费用			
可变成本	原材料或商品			
总计				

三、估算利润

要估算利润，首先应该预测自己的销售收入。

1. 预测销售收入

我们首先应按季度估算自己的销售量，然后核算单价，最后预测自己的销售额。在此以校园香薰石膏手作工坊为例介绍销售收入预测过程，见表 14-6。

表 14-6 校园香薰石膏手作工坊销售收入预测

季度	销售量 / 件	单价 / 元	销售收入 / 元
第一季度	200	20	4 000
第二季度	600	20	12 000
第三季度	200	20	4 000
第四季度	600	20	12 000
合计 / 年	1 600	20	32 000

这个项目经过市场调查，通过校园内及微信朋友圈销售，每月预计最低销售 200 件。由于项目开在校园内，所以销售量的预测考虑了假期，第一季度的 1、2 月，第三季度的 7、8 月不经营，所以这两个季度只计算了一个月的销售量。

在预测销售量时，应该考虑行业规律、季节变化、淡旺季、时间地域限制等因素。

2. 预测利润

在此以校园香薰石膏手作工坊为例介绍利润预测过程，见表 14-7。

表 14-7 校园香薰石膏手作工坊利润预测（非精确预计：年利润）

预计年总收入 / 元	32 000
预计年总成本 / 元	14 940
预计各种税费 / 元	校园免税
预计年利润 / 元	17 060
制作人员分红 / 元	8 530
预计净利润 / 元	8 530

经过预测，校园香薰石膏手作工坊项目年利润为 8 530 元。

此财务规划属于商业构思阶段的初步预测，为提高财务规划的精确度，建议按月填写标准的销售收入预测表、销售和成本计划表，以及现金流量计划表。

1. 完成表 14-8，预测自己的销售收入。

表 14-8　　　　销售收入预测

季度	销售量 / 件	单价 / 元	销售收入 / 元
第一季度			
第二季度			
第三季度			
第四季度			
合计 / 年			

2. 完成表 14-9，预测自己的企业利润。

表 14-9　　　　利润预测

预计年总收入 / 元	
预计年总成本 / 元	
预计各种税费 / 元	
预计年利润 / 元	
预计净利润 / 元	

请回顾本章所学内容，在下面的文本框中写出关键知识点。

预算启动资金

预测成本

估算利润

第十五章　如何制订创业计划

在本章中，同学们可以学习到：

- 创业计划书的构成。
- 制订创业计划的注意事项。

角色故事

小C问T2老师："现在我的创业项目基本确定了，我想仔细梳理一下，看看这个项目能不能吸引一些校企合作的企业投资，我该如何做呢？"T2老师建议他将他的项目做成创业计划书，这样既可以重新梳理创业项目，也便于向相关人士请教，更有利于融资。

一、创业计划书

1. 什么是创业计划书

创业计划书是创业者计划创办的企业业务的书面摘要，一份优秀的创业计划书往往会使创业者创业达到事半功倍的效果。

创业计划书以书面形式全面描述企业从事的业务，它详尽地介绍了企业的产品或服务、生产工艺、市场和顾客、营销策略、人力资源、组织架构、对基础设施和供给的需求、融资需求，以及资源和资金的利用等诸方面内容。

2. 创业计划书的构成

创业计划书通常包含项目概述、市场评估、市场营销计划、团队构成、启动资金预测、融资计划、运营数据、社会价值、发展规划、风险预估等项目。

职业院校学生的创业计划书一般内容比较简单，侧重思路构建，通常由以下几个部分构成：

- 项目构思，即分析市场需求、存在的商业机会等。
- 个人情况，即兴趣爱好、专业专长、资源条件等。
- 企业综述，即企业类型和企业法律形态。
- 市场营销计划，即目标顾客分析、竞争对手分析、竞争优势分析、营销计划等。
- 创业团队，即核心创业团队成员基本情况。
- 财务规划，即启动资金、筹资渠道、利润预测等。
- 发展目标，即短期发展目标和长期发展目标。
- 风险预估，即可能存在的风险及应对措施等。

3. 创业计划书的意义

撰写创业计划书可以用于完成课程考核，便于指导教师进行指导。对于学生创业者个人而言，撰写创业计划书的过程也是梳理、验证创业项目的过程，便于推介创业项目，吸引投资。

二、制订创业计划的注意事项

- 计划应简单易懂，逻辑清晰，利于操作。
- 计划应具体且符合实际。
- 计划应是客观的，销售预测、费用预算等财务数据都应客观且准确。
- 计划应完整，包括全部要素，且前后连接顺畅。

完成创业计划书后，我们还需要进一步落实自己的创业计划，制订一份完善的行动计划，以便采取更明确的行动。

制订你的创业计划书（样式参见附录 2）。

请回顾本章所学内容，在下面的文本框中写出关键知识点。

创业计划书构成

制订创业计划的注意事项

第十六章　如何演说创业项目

在本章中，同学们可以学习到：

- 演说创业项目的形式。
- 演说创业项目的注意事项。

角色故事

小C听说最近市里要举办职业院校创新创业大赛，他很感兴趣，但又觉得万一自己表现得不好，那还不如不参加。他想听听T2老师的建议。T2老师建议他有机会就一定要参加创新创业大赛。因为大赛是难得的展现项目、验证项目、锻炼团队、聆听专业指导、寻求合作、推广产品的好时机，哪怕没有取得好名次也一定会有很大的收获。T2老师还表示，他愿意给小C提供参赛前的指导和训练。这让小C坚定了信念，开始着手参赛准备。

一、演说创业项目的形式

个人或团队现场演说，可借助PPT、模拟场景、实物作品或产品样品、设计图纸、相关视频等呈现形式进行展示，目的是增强演说过程的形象性和说服力，让听众或投资人更好地了解自己的创业项目。

二、演说创业项目的注意事项

演说创业项目的注意事项见表 16-1。

表 16-1　　演说创业项目的注意事项

项目	说明
项目概述	简明扼要，能清晰描述项目构思，有效概括整个项目；具有鲜明的个性和吸引力；有明确的战略思路和发展目标，能突出自身优势
市场调研与分析	能够清楚认识、透彻分析市场竞争状况及各自优势，对市场份额及市场走势预测合理，市场定位准确
产品（或服务）	描述详细、清晰，技术领先且适应现有消费水平；对技术前景判断合理、准确，特点突出；有较高的商业价值，需求分析合理
营销策略	定价合理，营销渠道通畅，促销方式有效，具有吸引力，有一定创新性
创业团队	团队成员具有相关的教育及工作背景，能力互补且分工合理；组织机构严谨；投资、股权划分适当
企业经济 / 财务状况	列出关键财务因素、财务指标和主要财务报表；财务计划及相关指标合理准确；财务报表清晰明了，且能有效评估财务绩效
关键风险和问题	对风险和问题认识深刻，估计充分，应对方案合理、有效
视觉呈现（通过 PPT 或视频等）	内容方面：结构合理，逻辑清晰，主题结合度高，有说服力 呈现效果：简洁明朗，过程流畅，制作精美，有吸引力

角色故事

职业院校创新创业大赛如期举办，小 C 带着自己“校园香薰石膏手作工坊”项目参加了比赛，在 T2 老师的全程指导下，小 C 的现场演说很出彩，评委们很认可，指出在学校内的创业项目有时候不一定要做得那么大，能够有特色、有创新，抓住顾客需求，就是一个很好的开始。最终，小 C 取得了二等奖的好成绩，没有得奖的小 B 也走来向他祝贺，并表示参赛过程中自己也收

获很多，如有机会还要来参赛。

小 C 和 T2 老师一起走在回学校的路上，落日余晖斜映在两人的笑脸上。小 C 对 T2 老师说："感谢您的指导和帮助，没有您的指导我不会取得如此好的成绩。"

T2 老师回应说："你很棒，这是个很好的开始，但创业并不容易，你还要继续努力。"

演说形式很多，但无论何种形式的演说都需要从听众乐于接受、自己能充分展示项目的角度出发。

请回顾本章所学内容，在下面的文本框中写出关键知识点。

演说形式

演说注意事项

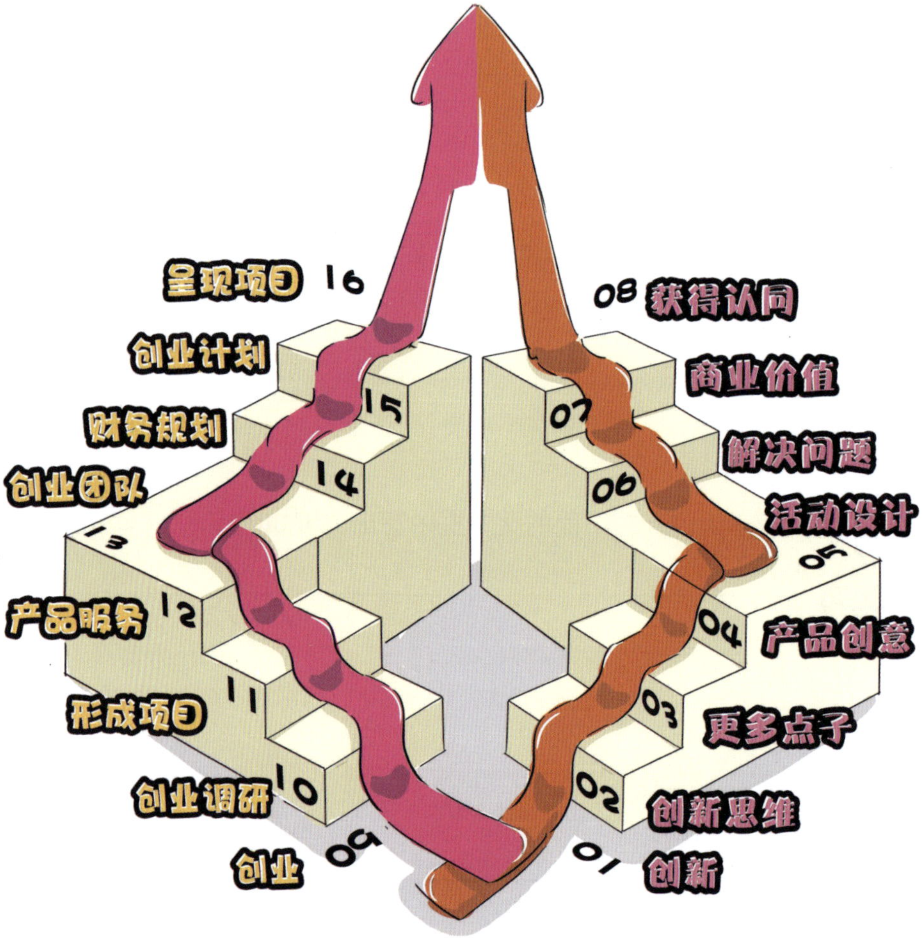
呈现项目 16
创业计划
15
财务规划
14
创业团队
13
产品服务 12
11
形成项目
创业调研 10
创业 09
08 获得认同
商业价值
07
解决问题
06
活动设计
05
04 产品创意
03
更多点子
02 创新思维
01 创新

创新创业路径图

附录 1

Idea 计划

项目名称：____________________________________

申报院校：____________________________________

团队名称：____________________________________

团队负责人：__________________________________

联系人电话：__________________________________

联系人电子邮箱：______________________________

团队成员：____________________________________

指导教师：____________________________________

填写时间：____________________________________

一、我的 Idea 基本描述

1. 创意或产品的基本描述

2. 功能及使用方法

3. 可应用行业或领域

二、团队介绍（主要负责人、团队成员分工、指导教师或专家的作用）

三、价值点分析（相对以往的差异性，解决什么问题，提供什么帮助，未来预期如何等）

四、设计过程介绍（如何完成创意，产品的实施过程或计划，并说明设计过程中使用了哪些创新方法和工具，可附图介绍）

五、所需支持（资金、设备、软件、工具、人员等）

六、商业转化（市场以及产品分析，本产品或服务的商业价值）

七、专利可能性（对是否具有申请实用新型专利、发明专利或软件著作权可能性的分析）

附录 2

创业计划书

（精简版）

项目名称：________________________________

地　　址：________________________________

联 系 人：________________________________

联系人电话：________________________________

联系人微信号或 QQ：________________________________

联系人电子邮箱：________________________________

主营产品或服务：________________________________

指导教师：________________________________

填写时间：________________________________

一、我的项目构思（清晰描绘以下内容）

1. 解决人们遇到的什么问题或满足什么需求：

2. 存在的商业机会：

3. 我要提供的产品或服务：

二、我的项目描述（简要描述项目或企业经营现状和发展目标）

三、我的个人情况

1. 我的兴趣爱好：

____

2. 我的专业专长：

____

3. 我的资源条件：

____

四、我的企业综述

1. 我的企业类型

□农林牧渔类 □制造类 □批发零售类 □服务类 □计算机服务及软件类

□运输及仓储类 □住宿及餐饮类 □其他____________________

2. 我的企业的法律形态

□个体工商户 □个人独资企业 □合伙企业 □有限责任公司

□一人有限责任公司 □非营利机构 □其他____________________

五、我的市场营销计划

1. 我的目标顾客（描述目标顾客的特征：区域、年龄、性别、学历、收入、兴趣等）

2. 我的竞争对手（描述和你有共同目标顾客的竞争对手的基本情况）

3. 我的竞争优势（列出顾客购买我的产品或服务的原因）

4. 我的市场营销计划（描述以下四个方面的营销策略）

产品	
价格	
地点	
促销	

六、我的创业团队（填写核心创业团队成员基本情况）

岗位	姓名	胜任理由

七、我的财务规划

1. 我的启动资金

项目		说明	预计金额 / 元
固定资产	设施器具		
	电子设备		
	其他		
开办费	开办前调研费		
	证照费		
	培训费		
	其他		
其他投资	装修费		
	转让费		

续表

项目		说明	预计金额 / 元
日常支出（至少预计 3 个月）	原材料或商品		
	房租		
	工资		
	促销		
	水、电、电话费		
	其他费用		
预计启动资金：______元			

2. 我的筹资渠道

资金来源	筹资性质（资助、借贷或其他）	金额 / 元	注意事项
总计所得资金：______元			

3. 我的成本预测

项目	描述	平均每月成本 / 元	年成本 / 元	备注
固定成本	工资			
	房租			
	促销			
	折旧与摊销			
	水、电、电话费			
	其他			
可变成本	原材料或商品			
总计				

4. 季度销售预测

季度	销售量 / 元	单价 / 元	销售收入 / 元
第一季度			
第二季度			
第三季度			
第四季度			
合计 / 年			

5. 利润预测

预计年总收入 / 元	
预计年总成本 / 元	
预计各种税费 / 元	
预计年利润 / 元	

八、发展目标

短期目标	长期目标

九、风险预估（可能存在的风险及其应对措施）